中公新書 2559

滝川幸司著

菅原道真

学者政治家の栄光と没落

中央公論新社刊

はじめに

平安時代の貴族で、学者でありながら右大臣に昇り、無実の罪で大宰府に左遷されて怨霊となった人物。そして「学問の神様」として尊崇される対象。多くの人が菅原道真（八四五―九〇三）に抱くイメージではなかろうか。

道真の大きな特徴は、「学者」でありながら大臣へ昇進したという点にあるが、そもそも「学者」とはどのような存在だったのか。平安時代には大学寮という、文字通り現在の大学に近い組織があり、そのなかの紀伝道（文学部に当たる）で、道真は文章博士という官を務め、中国の文学・歴史を講じた。その意味で大学教員に似た立場といえよう。

道真は、最初の官職に就いた二七歳から死去する五九歳まで、三〇年以上を官僚として過ごしたが、文章博士という大学寮紀伝道の教官を務めたのは、一〇年間にすぎない。残りの期間は、「学者」以外の立場にあった。

当時の貴族は基本的に官僚である。一般的に貴族とは、藤原氏のように、高貴な血筋によって栄達するように思われている。例えば、道真を左遷に追い込んだとされる藤原時平は、二九歳で左大臣に昇っている。しかし、高貴な出自でない者でも、大学寮で学ぶことによって地位を上昇させるケースがあった。道真もその一人である。だが、大臣にまで出世することは異例である。平安時代では道真以外に、のちに藤原在衡（八九二—九七〇）が左大臣にまで昇っている。しかし、在衡が右大臣に昇進したのは七八歳と高齢で、翌年に左大臣に昇るものの同年に死去している。この昇進は長命を保ったゆえである。また摂政藤原実頼や同伊尹が実権を握っており、藤原時平とともに政権を運営した道真とは様相を異にする。道真は大学寮紀伝道出身で、その能力を活かして大臣に昇進した稀有な存在なのである。

本書では、この紀伝道出身の官僚という立場を重視する。それは、学問を身につけることと、官僚としての地位が関連するからである。

道真の人生を見ていくのにもう一つ重要な点がある。

道真には、自ら編纂した『菅家文草』全一二巻、『菅家後集』全一巻という漢詩文集がある。道真は、平安文学に燦然と名を輝かす漢詩人である。『百人一首』の「このたびは幣も取りあへず　手向山　紅葉の錦　神のまにまに」や、飛び梅伝説のもととなった「東風ふかば匂ひおこせよ　梅の花　主なしとて春な忘れそ」の和歌によって、歌人としての側面が知られてはいるが、それは道真の本意ではなかろう。

菅原氏は、道真の曽祖父の古人の時代に、土師氏から菅原氏へと姓を変えたが、祖父の清公、父の是善、そして道真と、三代にわたって文章博士を務めている。また、道真は、清公が始めた私塾、菅家廊下を主宰して、中国の文学・歴史を教授していた。そうした自分を、道真は「儒家」と称している。「儒家」が携わる文藝であれば、それは漢詩文である。

加えて、当時の公文書は漢文であるが、道真は職務として、また依頼されて多くを作成している。近年の平安朝漢文学研究の進展によってこうした漢文作品にも目を向けられるようになった。そのなかでも特に道真は資料に恵まれた存在である。道真については、歌人ではなく漢詩人としての側面でとらえることが重要である。

道真の人生は、大きく四つの時期に分けられる。

第一期は、誕生から、大学寮紀伝道入学、対策（官僚登用のための国家試験）に合格して官僚としての道を歩み、文章博士として紀伝道の頂点に立った時期である。

第二期は、文章博士を離任し、讃岐守として当地に赴任した時期である。この頃道真が残した史料は、当時の地方を知るにまたとない情報を与えてくれる。

第三期は、都へ戻り、宇多天皇に抜擢され、蔵人頭として天皇の側近となり、以後右大臣に至る時期である。菅家廊下を主宰して弟子を育てつつも、政治家・官僚としての側面が強くなる。その反面、中傷に曝される時期でもある。

第四期は、大宰権帥として都から左遷され、九州の地で過ごす時期である。

こうした時期区分は、実は、道真自身が『菅家文草』『菅家後集』で行っている。『菅家文草』は巻一〜巻六までに漢詩が年代順に収められており、巻一、二が第一期、巻三、四が第二期、巻五、六が第三期に当たる。そして、大宰府時代の詩を集めたのが、『菅家後集』である。道真が自分の人生をこのように分けてとらえていたことになろう。

本書では、道真の人生を四期に分けて記述する（第一期のみ二章に分ける）。それぞれの時期の心情がこれほどまでに残り、自分の手で編纂した史料が現存している官僚は、平安時代には他にいない。それが右大臣にまで至り、地方赴任すら経験しているのである。できる限りこれらの史料を用いて道真の心境も辿（たど）っていきたいと思う。

本書の叙述は、多くの先行研究に負っている。そのすべてを本文中に注記することは、新書という性格上できないが、主要な参考文献は巻末に一覧した。これでもすべてではないが、参考文献中に引用された先行研究によって、芋づる式に辿れるはずである。

目次

菅原氏系図

（『尊卑分脈』に基づく。〔　〕内は、『菅家文草』、『菅家後集』から想定。寧茂以下に宣来子腹の子が含まれる可能性あり。＊は文章博士となった者）

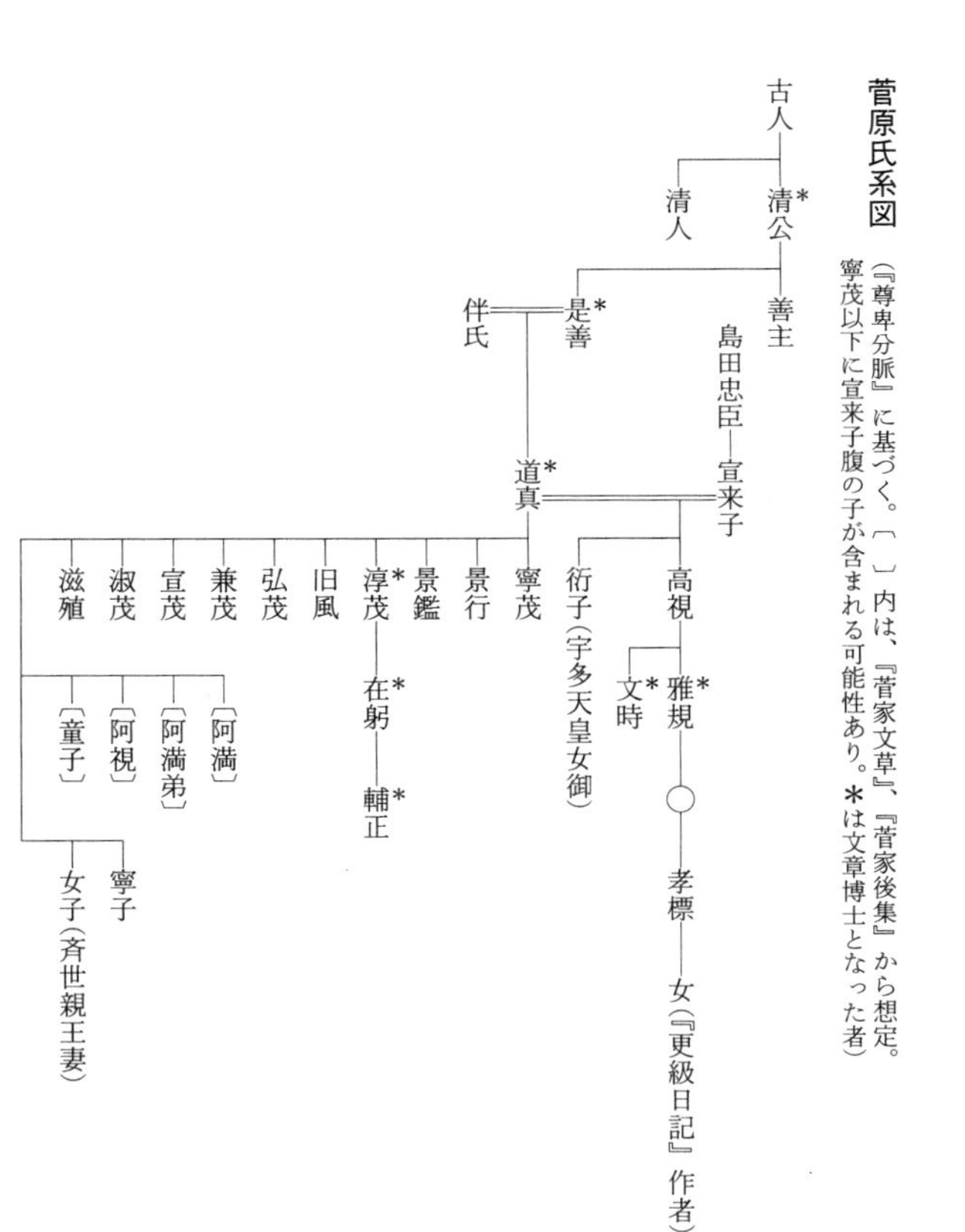

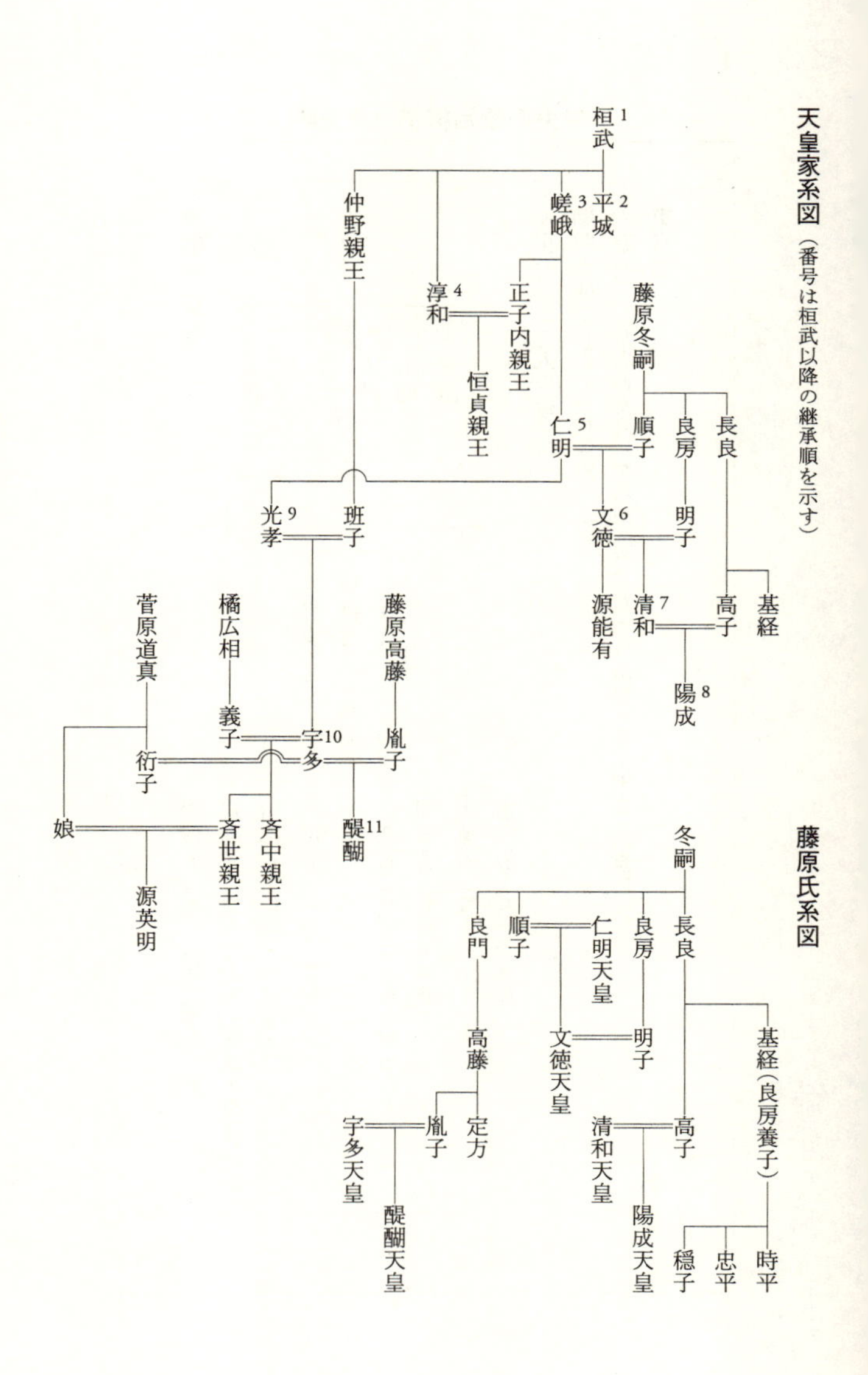
天皇家系図（番号は桓武以降の継承順を示す）
1 桓武
2 平城
3 嵯峨
4 淳和
正子内親王
恒貞親王
仲野親王
藤原冬嗣
長良
良房
順子
5 仁明
6 文徳
明子
基経
高子
7 清和
源能有
8 陽成
9 光孝
班子
藤原高藤
胤子
10 宇多
橘広相
義子
菅原道真
衍子
11 醍醐
斉中親王
斉世親王
娘
源英明
藤原氏系図
冬嗣
長良
良房
順子
良門
仁明天皇
文徳天皇
明子
基経（良房養子）
高子
清和天皇
陽成天皇
高藤
定方
胤子
宇多天皇
醍醐天皇
時平
忠平
穏子

中央の統治機構（平安期）

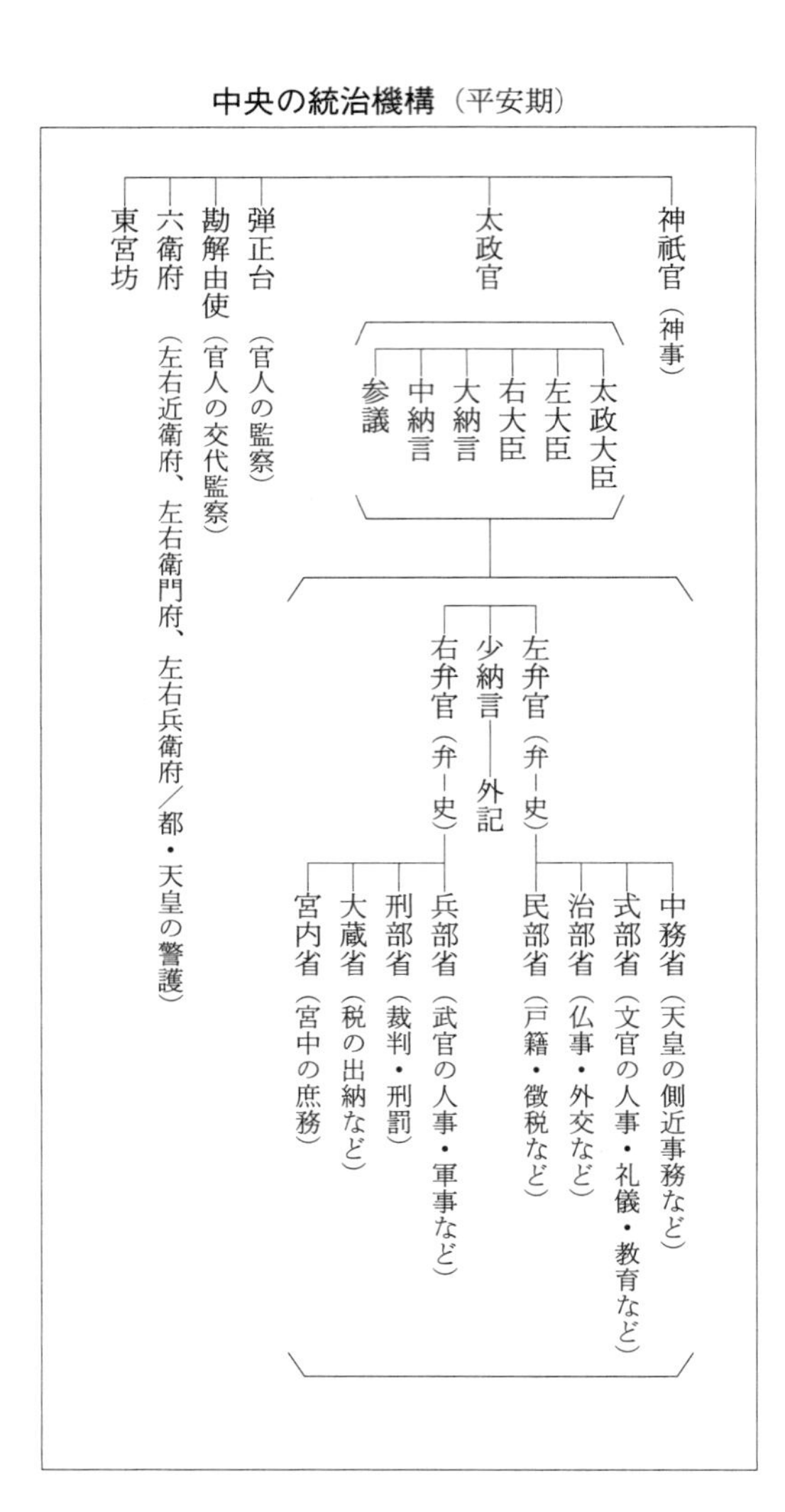
神祇官（神事）
太政官
太政大臣
左大臣
右大臣
大納言
中納言
参議
左弁官（弁―史）
少納言―外記
右弁官（弁―史）
中務省（天皇の側近事務など）
式部省（文官の人事・礼儀・教育など）
治部省（仏事・外交など）
民部省（戸籍・徴税など）
兵部省（武官の人事・軍事など）
刑部省（裁判・刑罰）
大蔵省（税の出納など）
宮内省（宮中の庶務）
弾正台（官人の監察）
勘解由使（官人の交代監察）
六衛府（左右近衛府、左右衛門府、左右兵衛府／都・天皇の警護）
東宮坊

官職相当位階（平安期）

位階		太政官	中務省	式部・治部・民部・兵部・刑部・大蔵・宮内の各省	大学寮
正一位		太政大臣			
従一位					
正二位		左大臣 右大臣			
従二位					
正三位		大納言			
従三位		中納言			
正四位	上		卿		
	下	参議		卿	
従四位	上	左大弁・右大弁			
	下				
正五位	上	左中弁・右中弁	大輔	大輔	
	下				
従五位	上	左少弁・右少弁	少輔		頭
	下	少納言	侍従・大監物	少輔	文章博士
正六位	上	大外記・大史	大内記		
	下		大丞	大丞	助教・博士
従六位	上		少丞	少丞	
	下				

凡例

・『菅家文草』、『菅家後集』から引用する際は、書名を、文草、後集と略し、文草については史料が所収される巻数を示す。

・引用中、小字で割り書きされた部分は〈 〉で示した。また省略する部分は「…」で示した。〔 〕は筆者による補足説明である。

・六国史（日本書紀・続日本紀・日本後紀・続日本後紀・日本文徳天皇実録・日本三代実録）および『大日本史料』所収史料に基づく場合、日付のみを注記し、特に出典を明記しない。

・天皇や貴族が付けた日記については、様々な異称がある。本書では『宇多天皇日記』のように記主の名前を冠して呼ぶ。

・漢文は原文の漢字を活かした現代語訳としたが、漢詩については白文（句読点、返り点などの付いていない漢文）も載せた。それは漢字の配置も大切だからである。現代語訳で確認したうえで、もう一度眼で見て欲しい。もちろん、現代語訳のみ読んでいただいても問題はない。

・年齢は数え年で記した。

・女性名は読みが明らかでない場合が多いので、音読みで示した。

序章　儒者世界にそびえ立つ家系——学問の家

菅原氏

菅原氏はもともと土師氏である。土師氏は、『日本書紀』などに見える神、天穂日命の後裔で、一四世野見宿禰が近習者の殉死を埴輪に変えて以来、葬送で仕えた家系である。

菅原氏への改姓は、天応元年（七八一）の土師古人の願い出による。大化二年（六四六）の薄葬令や七世紀末頃からの貴族間での火葬の採用によって、土師氏は葬送担当の氏族としての勢力を失いつつあり、そのために将来性のない葬送関係官人の地位に拘泥せずに、一般の律令官人としての前途を広げるために改氏姓を願い出たのである。

古人は、道真の曽祖父に当たる。古人は「儒者としての行いが世評高かった」が「家に余った財産もなく、諸児は苦しんでいた」（承和九年〈八四二〉一〇月一七日条）。延暦四年（七八五）に故古人の子息四人に「衣粮」（衣服や食料）が与えられ、学業を勤めさせた。古人が桓武天皇の侍読（儒学を教授する者）を務めたためであったという。四人のなかに道真の祖父、清公がいた。

古人は葬送系官人の立場から離れ、一般の律令官人として立ち、侍読として桓武天皇に仕えた。自身は、従五位下遠江介という中級官人で終わったが、儒学の知識を活かした官僚として国家に仕える方法は、子息の清公以下に継承される。

以下、道真の祖父、父の生涯を概観する。彼らが就いた官職を中心に述べていくが、それは、彼らの官僚としての立場を示すからである。なお両名とも、地方官を兼任することがあるが、実際に赴任した場合を除き、煩雑になるので言及しない。

祖父清公――菅家文章博士の初め

祖父清公の生涯を、『続日本後紀』承和九年（八四二）一〇月一七日条に記された清公伝に基づいて述べていこう。

清公は古人の第四子である。宝亀元年（七七〇）に生まれた。奈良朝、光仁天皇の時代である。先述した菅原氏への改姓は、清公一二歳の出来事である。

清公は幼い頃から儒教経典、史書に詳しく、延暦三年（七八四）に当時皇太子（皇太弟）であった早良親王（桓武天皇弟）に近侍した。同年長岡京に遷都され、翌年九月の藤原種継暗殺事件によって、早良親王は皇太弟を廃された。藤原種継は桓武天皇の信任厚く、長岡京造営を担当していたが、暗殺事件の関係者に、早良親王に仕える春宮坊に属する者が多かったためである。清公は、年少で元服前だったので、類は及ばず罰されなかったようだ。

同年一二月一三日に、先述のように兄弟とともに「衣粮」を賜っている。一六歳のときである。これ以前に父古人は没していた。清公は、二〇歳のとき、大学寮紀伝道を受験（文章生試という）、合格して大学寮紀伝道に入学し、文章生となった。

大学寮については次章で道真の経歴を紹介する際に概略を述べるが、基本的には、律令官人を養成する機関である。中下級貴族出身者は、大学寮で学んで官人として優位なスタートを切ることができる。父古人が儒学にすぐれてはいたものの、国司程度の身分で終わったことからすれば、官僚としての地位を得るために大学寮紀伝道を受験するのは自然であろう。

清公は成績優秀で、文章得業生に推薦された。得業生制度は、もとは学生が経済的理由で向学の志を遂げられない情況を改善するために優秀者を選んで衣食を支給する制度である。そのうえで、最難関の官吏登用試験である対策を受験するために勉学に励むのである。

延暦一七年、清公は対策を受験して合格する。そして、大学少允に任じられた。二九歳。大学少允は、大学寮の三等官であり、対策及第した者が任じられることの多い役職である。

遣唐使として

延暦二一年（八〇二）、遣唐判官に任じられ、唐に赴くことになった。大使は藤原葛野麻呂、副使は石川道益で、清公はその部下である。この遣唐使は、最澄、空海が渡唐したことでも著名である。延暦二二年の出航で暴風雨に遭って船が破損して延期されることになり、翌年に再度進発した。清公は第二船に乗船した。遣唐使は四船で構成されるが、第三、第四船が行方不明となり、第二船も暴風に見舞われたものの、何とか明州（浙江省寧波）に到着した。しかし、船頭であった石川道益が没し、清公が一行を指揮することになった。

九月一日に明州を出発し、二ヵ月後長安に到った。遅れて到着した大使藤原葛野麻呂らの一行と翌月合流し、徳宗皇帝と対見を果たした。年が明けて元日の朝賀が行われた。遣唐使一行は朝賀への出席が目的で、基本的に唐王朝が遣唐使を受け入れるのは日本国の朝貢使が元日儀礼に参加して貢献物を貢納し、唐に対する政治的従属を表明するからである。

この朝賀への出席で遣唐使の役割は終わることになるが、彼らは稀有な事態に遭遇する。元日に朝賀を受けた徳宗皇帝が没したのである。遣唐使一行は、三日間挙哀（泣き声を上げる葬礼）した後、長安を出発した。明州に到着し、五月一八日に第一船、第二船ともに出港し、六月八日に第一船は対馬島下県郡阿礼村に、同一七日に第二船は松浦郡鹿島に着いた。七月二五日、遣唐使に授位があり、清公は従五位下となった。父古人の最終官位に至ったことになる。

儒家官僚清公

翌月大学助となったが、大同元年（八〇六）正月二八日、尾張介に任じられて赴いた。清公は、刑罰を用いず、劉寛の治を施したという。劉寛は後漢の人で、温仁、寛恕で知られ、下級役人に過があっても、鞭を示すのみで苦しみを与えなかったという。清公の尾張赴任中の大同元年三月一七日に桓武天皇が没して平城天皇が即位し、さらに同四年四月一日に平城天皇は弟の嵯峨天皇に譲位した。

清公は六年の任期を終えて、弘仁三年（八一二）に都に戻り、左京亮に任じられ、まもなく大学頭に遷った。この頃から嵯峨天皇と漢詩のやり取りが始まり、天皇との関係が見出せるようになる。同年、四男是善が誕生する。道真の父である。弘仁四年に主殿頭に遷った。翌年正月七日従五位上となり、同月、右少弁に任じられ、五月には左少弁に転じ、さらに同月、式部少輔に遷った。式部省の次官である。式部省は、文官の人事や礼儀関係を主として管轄する。

この弘仁五年、最初の勅撰集『凌雲集』一巻が完成した。清公は編者の一人である。日本文学史上、天皇の命令で文学作品を編集した勅撰集としては、延喜五年（九〇五）撰上の『古今和歌集』が著名だが、それ以前に漢詩集の『凌雲集』があった。嵯峨天皇は極めて好文の天皇で、多くの漢詩を詠み、臣下たちはその漢詩に応える作品を詠んだ。天皇が漢詩文作成の起点・中心となっていた時代である。勅撰集として漢詩集が編纂されたのも頷ける。

弘仁九年、嵯峨天皇の詔が下され、天下の儀式、男女の衣服を「唐法」によらせ、五位以上の位記（辞令書）を「漢様」に改め、諸宮殿院堂の門号を新たにし、百官に舞踏を習わせることになった。この四種の朝儀に清公は携わった。これらは嵯峨天皇の唐風謳歌をよく示しており、清公はその政策に関わったのである。同年、二番目の勅撰漢詩集『文華秀麗集』三巻が編纂される。清公は引き続き撰者となっている。

弘仁一〇年、五〇歳となった清公は、正月七日に正五位下を授けられ、同月、文章博士を兼任した。弘仁一二年頃、右京大夫に任じられたが、これは当時、嵯峨天皇が行っていた、儀式空間としての平安京の整備に関わる人事であったようだ。清公は弘仁九年の儀式整備にも関わっていたので、この任官はふさわしかったといえよう。

弘仁一四年四月一六日、嵯峨天皇が皇太弟に位を譲った。淳和天皇である。翌天長元年（八二四）に清公は播磨権守に任じられ、都を離れる。左遷であると時の人たちが憂えたため、公卿たちが議して都に戻し、文章博士に再任された。その後博士として紀伝道で学問を教授しつつ、弾正大弼、左京大夫などを兼任した。天長四年、三番目の勅撰集『経国集』が成立した。全二〇巻に及ぶ漢詩文集である。清公はこの編纂にも与っている。『凌雲集』『文華秀麗集』『経国集』は勅撰三集と総称されるが、そのすべてに清公は関わっているのである。

天長八年正月四日、正四位下を授けられた。同一〇年二月二八日、淳和天皇は譲位し、嵯峨上皇の子である、仁明天皇が即位した。

同年一二月一五日、『養老令』の公式注釈書『令義解』が撰上された。この編纂にも清公は携わった。

晩年と死

承和六年（八三九）、七〇歳となった清公は従三位に叙された。文章博士の従三位は初めてのことである。そして、老齢を理由として、牛車（ぎっしゃ）によって紫宸殿（ししんでん）の南大庭の梨樹のあたりまで来ることが許された。後代、大臣や関白（かんぱく）に許される破格の待遇である。

その後、病に伏し、参内も叶（かな）わなくなり、承和九年一〇月一七日に没した。七三歳。

清公は、儒学の専門的な知識を持った官僚として活躍した。遣唐使となったのもそのゆえであろうが、特に嵯峨朝で、儀式の整備などにその知識は活かされた。三位となっても文章博士を務めたのは、「儒門の領袖（りょうしゅう）」であったからだという。漢詩人としても勅撰三集すべての編纂に携わった。長く文章博士を務めた儒家官僚、「国の元老」であった。

菅原氏の私塾、菅家廊下は清公が創設したと考えられている。清公によって、儒家菅原氏の基礎は固められたのである。

父是善——菅家学統の展開

是善（これよし）は清公の四男で、弘仁三年（八一二）に生まれた。清公四三歳のときである。兄が三人いるはずだが、知られているのは、承和の遣唐使で判官に選ばれた三男、善主（よしぬし）のみで、是善よりも九歳年長である。善主も清公と同じように大学寮紀伝道に入り文章生となったが、文章得業生を経ず対策も受験せず、文章生から任官している。是善は得業生から対策及第しており、清公の跡を嗣ぐのは是善である。以下、是善の伝記を『日本三代実録』元慶四年（八八〇）八月三〇日条の是善伝に基づいて述べていく。

是善は幼い頃より抜き出て聡明で、一一歳で嵯峨天皇に召され、御前で詩を賦し書を読んだ。文章生を経て二二歳で文章得業生に選ばれた。承和六年（八三九）、対策を受験して合格し、その結果、従六位下から三階級進んで正六位上となった。

翌年六月一〇日に大学大允に任じられて官界に出る。二九歳である。同九年二月一〇日、大学助に転じ七月二五日には大内記に任じられる。この直前に承和の変が起き、皇太子であった淳和天皇の皇子恒貞親王が廃され仁明天皇の皇子道康親王が立太子した。是善はのち、皇太子道康親王に学問（儒学）を授ける、東宮学士に任じられる。道康は藤原良房の甥である。

藤原良房は最初の摂政となる人物で、良房、基経の養父子によって藤原摂関家が形作られていく。皇太子道康親王は良房にとって極めて重要な存在であり、その東宮学士に任じられるのは、学識とともに摂関家からの信頼があったからであろう。

承和の変後の一〇月一七日に父清公が没する。同一一年正月七日、従五位下に昇り、翌年三月五日、文章博士に任じられた。同年、道真が生まれる。二年後に東宮学士を兼任した。

嘉祥三年（八五〇）三月二一日、仁明天皇が没し、皇太子が跡を嗣いだ。文徳天皇である。是善は天皇が皇太子時代の東宮学士であった功労で、二階上がり、正五位下となった。仁寿三年（八五三）正月一六日に大学頭に任じられ、斉衡二年（八五五）正月七日、従四位下に昇り、翌年二月八日、左京大夫に任じられた。文章博士は兼任のままである。
天安二年（八五八）八月二三日、文徳天皇は突然病にかかり、翌日にはさらに激しくなった。この夜、是善は文徳に召されて詔書を記した。翌日に下されたこの詔書は、恩赦を内容とするが、そもそも詔勅は、内記の職にある者が起草することになっている。それを内記でもない是善が起草したのは、文徳天皇の側近であったからだろう。ただし、病重く、「言語不通」の文徳天皇が是善に命じるのは難しく、起草を命じたのは、天皇の伯父、太政大臣藤原良房であろう。先にも述べたが、是善は摂関家から信頼されていた儒家であった。

学儒是善

次の清和天皇の時代でも、是善は文章博士であり続ける。貞観五年（八六三）に弾正大弼に任じられ、翌年三月に刑部卿に遷った。文章博士はこの間も兼任であるが、貞観九年春に退いた。三四歳から五六歳まで、二〇年以上を文章博士として過ごしたのである。

この時期、是善は儒家から「詩人無用」と批判された。是善は、世俗に背を向ける詩人であると評されるのだが、長期にわたって官僚を育てる文章博士の地位にあった。まさしく世俗で官僚として過ごすために紀伝道に学ぶ者にとって、そのような是善の姿勢が批判されたのが「詩人無用」論である。この批判は、道真にとっても重大な影響を与えている。

文章博士は、父清公が弘仁一〇年（八一九）から弘仁一二年頃まで、さらに天長二年（八二五）八月に再任され、没する承和九年（八四二）一〇月一七日まで務めた。清公の再任から是善が離任する貞観九年までの四二年間で、途中、承和九年の清公没から同一二年の是善の就任まで三年ほどの空白があるだけである。この半世紀、菅家が紀伝道の頂点に居続けたといえよう。だからこそ、菅家の私塾菅家廊下には、紀伝道受験を目指す人々が挙って集まった。中下級貴族たちにとっては、紀伝道で学ぶことが官僚としての地位に繋がるのである。

貞観一一年四月一三日、『貞観格』が撰進された。是善は編者の一人である。格とは、律・令の不備を補う臨時の単行法令である。また、同一三年八月二五日には、『貞観式』が撰進された。式は、律令の施行細則である。大江音人伝（元慶元年〈八七七〉一一月一三日条）によれば、是善と音人がこの格式編纂の中心であったようである。

参議へ

貞観一四年（八七二）八月二五日、参議に任じられた。菅原家としては初めての任官である。六一歳。菅家にとって名誉であったろうが、しかし、是善と同世代の儒家で、是善よりも低い地位から官僚として出発しながら、是善を超えた人物がいる。大江音人である。

大江音人は、平城天皇の皇子、阿保親王の子で、是善の一歳年長である。音人は、左少弁から左大弁と、一貫して弁官を務めた。弁官は、太政官行政の実務に携わる官職で、文書行政の中枢といえる。紀伝道出身者が就くことが多い官職である。音人は一貫してそのような実務官僚であった。この間、是善はずっと文章博士という儒学の専門性を発揮する官職、学儒と称すべき地位にいた。音人が参議に任じられたのは、貞観六年で、是善よりも八年早い。すでに指摘もあるように、藤原良房との関係があろう（「大江音人と菅原是善」）。そもそも当時の清和天皇は良房の孫であり、大江音人は良房の「顧問」であったという。

ただ、音人と同年に参議となった南淵年名（みなみぶちのとしな）の例を見ると、摂関家との関係だけではとらえられない。南淵年名は是善よりも四歳年長、父は正四位下因幡守（いなばのかみ）永河（ながかわ）で、清公よりも身分は低い。南淵年名は、文章生を経るものの、得業生にならず対策も受験せずに官界へ出、右大弁、左大弁と弁官を歴任した実務官僚である。つまり、摂関家との関わりもさることながら、実務官僚としての能力の方が、学儒よりも昇進に繫がりやすかったのである。

基本的に紀伝道出身者に求められるのは、儒学を基礎に置いた実務能力であり、学問を基礎として実務に通達した官僚として望まれるのである。是善とて文章博士を除けば、内記にしても弾正大弼にしても、そのような官職である。ただ、紀伝道で儒学を教授する文章博士という職にあまりに長く就いていた。学儒として過ごしすぎたといえるかもしれない。大江音人や南淵年名の例を見ても、実務官僚の方が昇進しやすかったのだ。彼らこそが紀伝道の一般であり、儒家と呼ばれる存在である。儒家と呼ばれるからといって、儒学を研究する研究者ではなく、儒学を基礎とした実務官僚なのである。このことは念頭に置いて欲しい。

貞観一六年二月二九日、是善は勘解由長官に任じられた。参議・式部大輔は兼任のままである。同一八年一一月二九日に、清和天皇は皇太子に譲位した。陽成天皇である。

翌元慶元年（八七七）、式部大輔を離れ、刑部卿を再び兼ねた。翌年、『日本文徳天皇実録』の編者に任命された。清和朝に編纂が始められたものの、天皇の譲位があり頓挫していた。陽成天皇は編纂の業を継承しようとしたが、編者であった南淵年名、大江音人が没したため、新たに是善を加えたのである。『日本文徳天皇実録』は元慶三年一一月一三日に奏進された。是善は編纂の最終段階に参加したことになる。一二月二五日、正四位下から従三位に叙された。これで位は父に及んだことになる。

元慶四年八月三〇日に是善は没した。六九歳。従三位・参議・刑部卿であった。

是善の事績としてもっとも重要なのは、長く文章博士を務めたことであろう。学儒として後進の指導に当たったわけだが、それは私塾菅家廊下でも同様で、その結果、「上卿、良吏、儒士、詞人、多くは門弟子である」という結果となった。清公が基礎を作った儒家菅原氏をさらに拡張したといえよう。

官僚・儒家・詩人として

道真の祖父、父の生涯を概観した。儒家菅原氏はこの二代によって形作られた。だが、注意しなければならないのは、儒家、学問の家といっても、儒学を研究するのみではないということである。大学寮紀伝道はもちろん、私塾菅家廊下では中国の文学・歴史について講義されており、そのために彼らはそれら書物を研究していたことは確かだが、現在の大学教員や研究者のように、研究そのものを目的としたのではない。

例えば、大学教員という立場は、学問の研究・教授が公務の主である。しかし、清公、是善の公務は、官僚として国家に仕えることにある。文章博士という立場なら儒学の研究・教授が仕事となるが、それはその任にある期間である。それ以外は、儒学を基礎に置いた官僚として仕えるのである。ただし、菅家廊下では常に門下生に教授しており、したがって、公的には官僚として、私的には学問を教授する立場として存在したのが、学問の家、菅原家である。学者といっても、現在の研究者とは異なる。

筆者は日本文学研究者であり、道真を漢詩人として考えることが多い。しかし、道真が官僚であった以上、道真伝は、その立場を中心に執筆することが主とならざるを得ない。

本書では、道真は何をしたか、どのような存在であったのか、それを簡潔に述べることを最大の目的とする。道真の文学性は、作品の詳細な読解を踏まえて叙述しなければならないが、それは本書の目的ではない。道真が漢詩をどのように考えていたのか、という点も、文学性ではなく、当時の社会で漢詩を詠むとはどういう意味を持つのか、という視点から考えていきたい。

次章以降では、道真の生涯を、儒学を学んだ官僚という立場から考えていく。学問と政治、学問と官僚としての立場、そして政治と漢詩の関係を述べていく。

道真伝の史料

次章から道真の生涯を辿るが、その前に道真に関する史料について述べておこう。

道真は右大臣にまで出世したため、史料には恵まれている。天皇の命により編纂された官撰史書の最後『日本三代実録』は、自身も編纂に関わっているが、道真の生涯を辿る基礎史料でもある。他に『公卿補任』などにも官歴が集成されており、当時の漢詩人・儒家のなかでは圧倒的に史料に恵まれている。それに加え、道真には、自ら編纂した『菅家文草』『菅家後集』という漢詩文集が残る。

『菅家文草』全一二巻は、昌泰三年（九〇〇）八月一六日に、道真が、祖父清公の集『菅家集』六巻、父是善の集『菅相公集』一〇巻とともに、醍醐天皇に献上した自身の作品集である。その事情は、道真の手になる「家集を献じる状」に記されている。編纂にはかなりの時間を要したようだが、その経過を結論のみ述べれば以下の通りである。

1　醍醐天皇が東宮時代に、道真の「讃州客中詩」（讃岐守時代の作品）を求め、道真はそれを二巻に写して献上した。今の『菅家文草』の巻三、巻四に当たる。

2　その後、ある人の勧めで、讃岐守以前の作（元慶以前の作）を献上しようとしたが、讃岐赴任中に、書斎が雨漏りして、多くの草稿が汚損して不完全な状態であった。が、加賀介平有直（かがのすけたいらのありなお）が天下の詩文を集めており、道真の詩も持っているだろうと教えてくれる人がいて、有直に請うたところ、数百首が手に入った。これを汚損した草稿と照合して補綴（ほてい）した。巻一、巻二に当たる。

3 1と2に、昌泰三年の内宴（ないえん）応制の詩以前の作と、その前後の散文（雑文）を合わせて、全一二巻にまとめた。巻五、巻六と、詩以外の文章を収める、巻七〜巻一二に当たる。

こうして編纂した『菅家文草』全一二巻が醍醐天皇に献上された。道真が大宰府に左遷されるのが、翌昌泰四年正月二五日で、献上の五ヵ月後である。結果的にではあるが、道真が大宰府に左遷される直前までの作品を、道真自身が編纂したのが、『菅家文草』となる。

道真が大宰府で詠んだ作品を集めたのが、『菅家後集』である。『北野天神御伝（きたのてんじんごでん）』（一〇世紀半ば頃成立の最古の道真伝）によれば、もと『西府新詩（せいふしんし）』と称されたこの集は、道真が大宰府で没するに際し、友人の紀長谷雄（きのはせお）に送ったものである。『菅家後集』も道真が編纂した。

道真の心情を表す漢詩文が自身の手により編纂されて残るのは僥倖（ぎょうこう）という他ない。これらの史料を用いて、できる限り後代の伝承を排しつつ、当時の社会での道真の立場を念頭に、事績を述べていきたい。

第1章 苦学の日々——文章生、文章得業生から官僚へ

1 勉学——一一歳で漢詩を詠む

誕生

菅原道真は、承和一二年（八四五）に生まれた。六月二五日生誕という説があるが、おおむね近世の伝承である。父是善は、この年、従五位下大内記で、三月五日に文章博士を兼任した。母は伴氏であるが、詳細は明らかではない。祖父清公は、道真が生まれる三年前に没している。道真は祖父を知らないことになる。

清公が死んだ承和九年は、序章でも触れた通り承和の変が起きた年である。七月一五日に嵯峨上皇が没する。一七日、伴健岑、橘逸勢の謀反が発覚し、二人は身柄を拘束された。阿保親王から橘嘉智子に送られた密書には、伴健岑らが皇太子恒貞親王（淳和上皇の子）を奉じて東国へ向かう旨が記されていた。大納言藤原愛発、中納言藤原吉野、参議文室秋津が

拘束され、皇太子は廃された。承和の変は、藤原良房が、淳和上皇、恒貞親王派の官人を打倒し、良房の妹、順子所生の道康親王（文徳天皇）を皇太子に立てるために仕組んだ陰謀によって起こったと考えられている。

承和の変について述べたのは、父菅原是善の政界での立場に関わるからである。前章で述べた通り、是善は、変が起こった直後に大内記に任じられる。大内記は、天皇の詔勅・宣命の起草、御所の記録を掌り、紀伝道で専門的な学問を修めた人物が任じられる。その点で是善が任じられるのに不審はない。

問題は、七月二五日という任官の日付である。承和の変で廃太子が行われた翌々日である。この日、藤原良房が、拘束された藤原愛発の後を襲って大納言に任じられ、以下、承和の変に功績があった人物、嵯峨・仁明派の人物が任官されている。

この日に天皇の詔勅を起草する大内記に是善が任じられたことは、是善が嵯峨天皇・仁明天皇派の官人であったことを意味する。

この後是善は、変によって立太子した道康の東宮学士となっている。承和の変に関わる任官、藤原良房の甥、道康親王の東宮学士に任官された事実は、良房ら藤原摂関家との繋がりが想定される。是善はもちろん、道真も摂関家とは深い関わりを持つが、この是善の政界での立場は重要である。道真が生まれた当時、父は、嵯峨・仁明派官人として、良房とも関わりのある立場で政界にいたのである。

道真は是善の三男である。しかし、兄二人については諸史料に見当たらない。しかも、道真自身、自らを「我は是れ、煢煢〔兄弟のいない〕たる鄭益恩だ」（「講書の後、戯れに諸進士に寄す」文草・巻二）といい、父の言葉として「汝が孤惸〔兄弟のいないこと〕を悲しむ」（「博士難」同巻二）と記し、さらに父の死後、「我に父母は無く兄弟も無い」（「雲州…」同巻二）という。二人の兄は夭折したと考えられる。

勉学の日々

道真の幼少時代を語る信頼できる史料はほとんどない。後年、道真は、「吉祥院法華会願文」（文草・巻一一）に、母の言葉として「汝が幼稚の齢、病を得て危困った。余は哀愍の深さに堪えられず、観音像を造り奉る願を発した。彼の観音の力を念じて、汝の病は除愈たのだ」と記している。道真の幼名は「阿呼」とされるが、信頼できる史料にはない。

道真の幼少時代について、道真の詩を紹介することで辿ってみよう。道真は元服以前、一一歳で初めて漢詩を詠んでいる（同巻一）。

月夜見梅華　　月夜に梅華を見る

〈于時年十一。厳君、令田進士試之。予始言詩。故載篇首〉

〈時に年十一。厳君が、田進士に試みさせた。予は始めて詩を言った。故に篇

首に載せるのである〉

月耀如晴雪　月の耀は晴れた雪の如くで、
梅花似照星　梅の花は照っている星に似ている。
可憐金鏡転　可憐金の鏡が転って、
庭上玉房馨　庭の上で玉房〔宝玉のような花〕が馨っているのは。

〈〉内は、道真が自分で付けた注、すなわち自注である。それによれば、一一歳のときに、父是善が田進士に命じて、道真に漢詩を詠ませたという。道真が初めて詠んだ作で、だから、この作品を『菅家文草』の冒頭に載せたのだと説明する。

「田進士」は、当時、文章生であった島田忠臣で、二八歳。忠臣は、従五位上島田清田の孫だが、父に関する史料は、身分が低かったためか存在しない。清田は紀伝道出身で、『経国集』に作品が残る（「嶋田氏の系譜」）。島田忠臣は、菅家と比較すればかなり低い氏族の出身となるが、まだ紀伝道で修学中に、是善から命じられて道真に詩を作らせたのである。

島田忠臣は、「童丱」（総角）の頃から是善の門下として菅家廊下に通ったようだ（「晩春に同門と会飲し庭上の残花を翫ぶ」田氏家集・巻上）。是善門下には他にも多く儒家・詩人がいるが、なぜ忠臣が選ばれたのか。島田忠臣は道真よりも一七歳年長で、その娘は道真の妻となる。忠臣は、文章得業生とならず、文章生から官界へ出、文人官僚としては特記されるような官職に就けず、不遇感を吐露する作品を残している。しかし、その詩才は公認されており、渤海使の接待役に、道真とともに臨時に選ばれている。是善が、道真に忠臣から詩を学ばせたのは、そうした才能を見込んでのことであったろう。『菅家文草』中、もっとも詩の贈答が多いのが島田忠臣であり、道真は忠臣から多大な影響を受けた。しかし、官僚としての両者は、大きく隔たった道を行くことになる（「島田忠臣の位置」）。

この詩は、忠臣から与えられた「月夜に梅華を見る」という題で詠んだ作である。道真は徹頭徹尾、月と梅の比喩でそれを表現している。月の輝きを地上の雪に、梅の花を天上の星に喩える。そして黄金の鏡のような月がめぐり、その光のもと、宝玉で作られたような梅の花の香り、作り物の花からは出るはずのない香りが漂うのである。一一歳とは思えない華麗な比喩を用いた技巧的な作品である。

道真には一四歳での漢詩も残っている（「臘月独興〈時に年十有四〉」文草・巻一）。そこでは、「書斎」で勉学に勤しむ姿を詠んでいる。

一〇代半ばの道真は、忠臣から漢詩を試され、また学業に勤しむのだが、それは、菅家の業を嗣ぐ者として、官吏養成を掌った大学寮の、中国の史学・文学を学ぶ紀伝道に入学しなければならないからである。そのためには文章生試を受験し合格しなければならない。

2　大学寮紀伝道への道――試験、「対策」との格闘

大学寮紀伝道への道

文章生試が史料上に初めて現れるのは、道真の祖父、清公の受験である。後代の史料であるが、『延喜式』によれば、「凡そ文章生に補す者は、詩賦を試み丁第已上を取れ」とあり、「詩」か「賦」（対句を多用した長文の韻文）が課され、丁第（四等）以上が合格する規定である。平安初期の事例を見ると、ほぼすべて漢詩による試験である。清公のときもそうであったろう。作詩によって合否が判定されるのである。

平安時代の大学寮は明経道（儒学科）、紀伝道（文学科）、明法道（律令学科）、算道（数学科）の四学科で構成されるが、入学に試験が課されるのは、紀伝道のみである。それは紀伝道の定員が二〇名と少ないのに対し、希望者が多かったためと考えられている。そのため無試験の明経道（定員四〇〇）に入学して学んだ後に文章生試を受験するルートが出てきた。当時の明経道では、儒教経典以外に、『史記』『漢書』などの史書や文章に関わるテキストを学ぶことも可能であったからだ。

奈良時代に律令制下で成立した当初の大学寮は、本科で儒教を学ぶのが目的で、付随する学科として数学科があった。基本的に学ぶのは儒教であり、それがのちの明経道である。平

1-1　大学寮（平安時代の大学寮の学生と試験）

	学生の呼称	定員	選抜
明経道（儒学科）	学生	400	無試験
紀伝道（文学科）	文章生	20	試験＝文章生試
明法道（律令学科）	明法生	20*1	無試験
算　道（数学科）	算生	20*2	無試験

注：*1成立当初は定員10、*2成立当初は定員30

1-2　紀伝道・文章生の選抜

1	**直接受験**　「文章生試」受験→文章生
2	**学生からの受験**　学生→「文章生試」受験→文章生 無試験の学生として明経道に入学し、基礎を学んだうえで、文章生試を受験し合格すると文章生に
3	**擬文章生からの受験** 学生→「寮試」受験→擬文章生→「文章生試」受験→文章生 9世紀半ば以降成立。明経道の学生で文章博士の推薦を得た者が大学寮の試験である「寮試」を受ける。合格すると擬文章生（定員20名）に。擬文章生が「文章生試」を受験し合格すると文章生に
4	**登省宣旨を受けて受験** 学生→「登省宣旨」→「文章生試」受験→文章生 3の成立以後、特に宣旨（登省宣旨）によって「学生」から「文章生試」受験を認められると直接受験できた

注：道真の頃は、2の時代で3、4が成立する頃

安時代でも同様で、そのため明経道の学生は「学生」と呼ばれ、のちに設置された学科の学生は、それぞれ「文章生」（紀伝道）、「明法生」（明法道）と呼ばれた。算道の学生も当初から「算生」と呼ばれていた。

　紀伝道に入学するには、大学寮明経道に入学して、『史記』『漢書』などを学んで文章生試を受験する。これはおおむね九世紀初頭には確立していた。

紀伝道の定員二〇名とは、学年ごとにあるのではない。そもそも当時の大学寮には学年という縛りはない。つまり、二〇名のなかから欠員（任官した者）が出て、文章生試は行われる。欠員の人数によっては合格率はかなり異なることになる。

希望者が多い紀伝道に対し、政府は定員を増やすことをせず、文章生試を行って選抜しようとした。しかし、十分に対処できなかった。それを補うためか、九世紀半ば頃に擬文章生試の制度が成立する。大学寮に入学した明経道の「学生」が、文章博士の推薦を得て、大学寮が行う試験、つまり寮試を受け、合格すれば擬文章生となり、その擬文章生のなから、文章生試を受験する者が選ばれるのである。

擬文章生の定員は文章生と同じく二〇名である。ここに、大学寮に入学し学生となり、寮試を受けて擬文章生となり、さらに文章生試を受けて文章生となるルートができる。ただし、「学生」で特に宣旨（登省宣旨）によって文章生試受験を認められる者もあった。

以上の概要は、あくまで道真の時代の大学寮についてである。紀伝道を含め大学寮は、成立以来複雑な変遷を持っている。次に述べる文章得業生、対策の制度についても同様である。詳細は、参考文献にあげた著書などを参照されたい。

受験科目

道真は、祖父、父の跡を嗣ぐためにも、紀伝道に入学しなければならなかった。それには、学生とならずに文章生試を直接受験するか、学生となって、寮試・文章生試を受けるか、登省宣旨を得て文章生試を受けるか、いずれかのルートを取るしかなかった。

先述したように明経道に進めば大学寮入学自体は無試験だが、寮試を受験するためには、文章博士の推薦が必要である。寮試は、「一史五条」すなわち『史記』『漢書』『後漢書』の一史から五題が出され、そのうち三題以上に及第すれば合格である（延喜式・大学寮）。最後の関門である文章生試では、詩か賦が必須なのだが、これも題が与えられ、韻字・字数など制限が課されたうえで作らねばならなかった。道真の詩才は最初の詩を見てもわかるように早熟であったが、それだけで合格に結びつくのではない。

道真の文章生試受験は、貞観四年（八六二）だが、それ以前の大学寮入学を示す史料は残らない。「学生」とならずに直接、文章生試を受験した可能性もあるが、この当時の通例としては、大学寮明経道に入学した後の受験と考えるべきであろう。ただ、道真には擬文章生となった記録も残らない。この点は、これ以上明らかにすることはできない。

入学と元服

当時、大学寮に入学して「学生」になると、字を付けることになっていた。大学寮での呼び名である。逆にいえば、史料に字が残っている人物は、大学寮で学んだ可能性が存する。そのまま明経道で学ぶか、文章生試を受験して紀伝道に進むかになる。

字は漢字二字で構成されるが、道真の字は「菅三（かんさん）」である。「菅」は姓に由来し、「三」は是善三男だからとされる。

道真は一五歳で元服した（「家集を献じる状」）。その夜、母が詠んだ和歌が残る。

　菅原の大臣（おとど）、かうぶりし侍（はべ）りける夜、母の詠（よ）み侍りける
久方（ひさかた）の月の桂（かつら）も折るばかり家の風をも吹かせてしかな（拾遺（しゅうい）和歌集・雑上）

月の桂を折るほどの家の風を吹かせて欲しいという歌である。桂を折るとは、中国では科挙に合格することだが、ここでは文章生試及第を指す。そうして、「家の風」すなわち儒学の家としての菅原氏の風を吹かせて欲しいと、元服した道真に願うのである。

模擬試験

父菅原是善は、文章博士として紀伝道で教授するとともに、私塾である菅家廊下で門人を育てていた。道真も大学寮で学びつつ、菅家廊下で学問に励んだはずである。その父から、道真は模試を受けている。

『菅家文草』巻一の「賦得赤虹篇」に、道真自身による注が付されている。「此（こ）れ以下の四首は、進士の挙に応じるのに臨んで、家君が毎日これを試した。数十首が有る雖（けれど）も、其（そ）のな

かで頗観るべきものを採って留める」とあるように、道真が「進士の挙」（文章生試）を受験するのに臨んで、「家君」是善が毎日試験をしたのである。見るに値するとした四首は「賦得赤虹篇一首〈七言十韻〉」の他に「賦得詠青一首〈十韻。泥字〉」「賦得躬桑一首〈六十字。題中韻〉」「賦得折楊柳一首〈六十字。題中韻〉」である。

これらには文章生試に出される作詩の形式が踏まえられている。すべてに共通する「賦得─（賦して─を得る）」は、詩会などで共通の題を課して、それぞれが詩を作る際の形式だが、試験でも用いた。さらには、〈　〉内に示したように、詩作には制限が課せられる。「賦得赤虹篇」は「七言十韻」とあるように、七言詩で二〇句構成で作るし、「賦得詠青」は一〇韻二〇句で、「泥」を脚韻として用いることが課せられる。文章生試では、このように共通した題を、制限された字数、韻で詠むのである。

道真のような詩才があっても困難なのだろう。だからこそ是善は模擬試験を課した。模試は、『菅家文草』の配列から、一六歳の冬、あるいは一七歳から始められたと思われる。

ところで、文章生試の合格率はどれほどであろう。文章生試は、規定上は春と秋に行われるが、文章生の欠員が出た場合で、おおむね年一回しか行われなかったようだ。また、何人受験したか史料で明らかにできる年は少ない。特に平安前期ではそうである。ただ、わずかにそれを示す史料がある。

平安前期の儒家、都良香の『都氏文集』全六巻は現在巻三から巻五までしか残らないが、巻五に紀伝道の試験に関わる史料が収載されている。文章生試について「省試詩判」と呼ばれる判定史料が残されている。二年分しかないものの、貴重である。

貞観一二年（八七〇）の評定と推測される一篇には、文章生試詩の長所短所が論じられているが、七名が丁第で合格し、八名が不合格となっている。この回の欠員は七名であったのだろうが、過半数が落第である。もう一篇は、年次未詳だが、一名の不第のみが記されており、この年は欠員一名、受験者一名で、落第したのであろう。受験生が少ないからといって、合格するとは限らないようである。

文章生試及第は容易でない道であった。

文章生試受験と合格

道真の文章生試受験は、貞観四年（八六二）四月一四日である。このときの文章生の欠員数、合格者数は不明である。わかっているのは、一八歳の道真が合格した結果だけである。

道真は父是善によって、それまでの文章生試の傾向に応じた詩作を練習してきたのだが、このときは、例年とまったく異なっていた。出題も回答も『菅家文草』巻七に残されている。

出題を見てみよう。「省試」とは文章生試のことである。

省試。当時の瑞物贊（ずいぶつさん）六首。

これに付された制限が、「毎首十六字已上、第一から第六に至る。〔瑞物の〕次に依ってこれを賦せ」である。詩ではなく賛が課された。賛とは、脚韻を踏むことなど形式上は詩に似ているが、必ず一句四字で数句に留まる。基本的には人物や物を褒める内容である。それを一首一六字（四句）以上で、六首詠むことが課題となる。「当時瑞物」と示されるように、現在報告されている瑞祥を詠むのである。

文章生試で賛が課されたのは、史料的にはこのときしかない。文章生試では詩か賦が課される規定になってはいたものの、基本的に詩が課題となっていた。だからこそ是善が道真に課したのも、詩であった。

六首の題は「濃州が紫雲を上言する。第一」「礼部王が白鳩を献じる。第二」「美州が白燕を献じる。第三」「備州が白雀を献じる。第四」「数州が嘉禾を献じる。第五」「郡国が多く木連理の図を献じる。第六」である。

「紫雲」「白鳩」「白燕」などが瑞祥で、それを濃州や備州など諸国あるいは王族（礼部王）が知らせたり献上した。それらを題として賛を詠むのである。

しかも、「当時瑞物」とあるように当代性の強い課題である。この点も文章生試の題としてはめずらしい。基本的に中国の故事や詩文に基づくからである。

様々な点で異例なのだが、その理由はわからない。

一首目を取り上げよう。

濃州が紫雲を上言する。第一

色濃是紫　色が濃いのは紫である。

功好惟雲　功が好いのは雲である。

一時点着　〔それが〕一時に点着った。

仰徳唯君　〔こんな瑞祥を生じさせた〕仰ぐべき徳をおもちなのは唯君のみだ。

貞観元年正月二一日に「濃州」(美濃国)が紫雲の出現を朝廷に伝えている。それを踏まえた出題であろう。色が濃いものといえば、紫である、功がふさわしいものといえば、雲である。その紫と雲が一緒になって現れたが、それは仰ぐべき徳をお持ちの天子のおかげである、と詠む。瑞祥は、天子の徳によって世の中が治まっているからこそ現れる。だから、天子の徳を称える。

なお、文章生試で、天子の徳を称えることは、賛以外でも行われる。また、天子への忠節を詠むことも多く、道真がこのように詠むのも、題材が瑞祥だからという理由だけではない。

五月一七日に道真は及第し、文章生に補された。一八歳。世の人は早いと評した(北野天神御伝)。道真以前に一八歳で及第した例には藤原衛、正躬王がいる。他に及第の年齢を求めると、祖父清公は二〇歳、大江音人二三歳、都良香が二七歳と、一八歳はやはり早い。

道真が紀伝道で修学時の文章博士は、父是善（～貞観九年）、巨勢文雄（貞観九年～元慶元年）、橘広相（貞観九年～同一一年）である。巨勢文雄（八二四―八九二）は、のちに道真の詩友となり、橘広相（八三七―八九〇）は、宇多天皇の側近として、道真の先蹤となる人物である。なお、橘広相は道真が及第した頃はまだ文章生であった。

寄宿と教科書

大学寮では寄宿が前提となっていた。紀伝道の講義を行う校舎に文章院がある。道真の祖父清公が、明経道の南堂院、算道の算道院、明法道の明法堂院の北に建てたとされる。北堂と呼ばれる講堂と東西に分かれる曹司があり、曹司に文章生が住む。しかし、学生は必ずしも寄宿しなかったようで、道真も文章院で過ごさず、自邸から通ったようである。

紀伝道の教科書には『文選』と「三史」（『史記』『漢書』『後漢書』）が用いられた。『文選』は、梁の昭明太子蕭統（五〇一―五三一）によって編纂された詞華集で、全三〇巻。周から梁代の代表的な漢詩文約八〇〇篇を収めている。唐代には多くの注釈書が作られ尊重された。日本でも同様で、漢詩など狭義の文学作品だけでなく、史書や文書など『文選』の文章を学んだ表現が多く見られる。特に、唐の李善が注釈を付けた『文選注』六〇巻（いわゆる『李善注文選』）は、平城宮木簡からもその習書が見出せるなど、前代から広く行われていた。これに加えて、三史、つまり中国の史書、漢の司馬遷『史記』一三〇巻、後漢の班固『漢書』一〇〇巻、南朝宋の范曄『後漢書』一二〇巻を学ぶのである。

三史は、いわゆる紀伝体の史書であり、王朝あるいは皇帝の事績を記す「紀」、人物史の「伝」、各種年表の「表」、制度・学藝など分野別の歴史である「志」などから構成され、中国の歴史・制度などを学ぶことになる。『日本書紀』以下の国史は、中国の史書が参考にされるが、国史編纂の中心には、紀伝道で学んだ儒家が就く。父是善は『日本文徳天皇実録』の編纂に関わり、道真自身、『日本三代実録』編纂に与っている。

これらを教科書として用いながら修学する。『延喜式』によれば、『文選』・三史の講義は「七百七十日」と規定されている。講義は文章博士が行うが、この頃の博士は、父是善であった。文章博士の定員は二名だが、この当時、是善が一人で務めていた。

文章得業生として対策を目指す

道真は、祖父、父と同じように官吏登用試験である「対策」を目指すことになる。

紀伝道の「対策」には、秀才試と進士試の二種類がある。大学寮で学んで対策を受験して任官するのが本来であるが、平安時代前期には、一定の年限を紀伝道で学べば、対策を受験しなくとも官職に就けるようになっていた。

紀伝道で学んで、さらに対策に及第すれば、より高い官職に就けるのだが、それには、紀伝道の文章生から選ばれて文章得業生になって受験するのが基本となる。文章得業生は文章生から二名、「性識が聡慧れており、藝業が優長である者」（天平二年〈七三〇〉三月二七日条）が選ばれる。それ以外でも、文章生から任官して数年後、宣旨を受けて受験する場合もあるが、前者が本道である。

修学の結果、道真は貞観九年（八六七）に文章得業生に選ばれた。二三歳である。道真と同時期に文章得業生であった者に、都良香（八三四—八七九）がいる。のちに、道真の対策の際、問答博士として問題を作ることになるが、道真より一一歳年長である。この直前に文章得業生であった安倍興行も道真より一〇歳ほど年長と推測される。道真は、文章生となった年齢も若かったが、文章得業生に補されたのも早い。道真よりも早いのは、父是善の二二歳である。是善の優秀性が際立つが、道真も当時の文章得業生としてはかなり若かった。

文章得業生は、対策を受験するために選ばれる。対策には、秀才試の方略策、進士試の時務策の二種類があったが、平安時代は基本的に方略策が課された。方略策とは、「尽きざる大事、無限の政治上などの大事」を問うものである（「対策文の成立」）。必ずしも国家の大事を問うのではなく、「政治的哲学的文化論的な多聞博識を試問」するのであり、博識が要求された。方略策を受験する文章得業生を「秀才」と呼ぶのは、方略策が秀才試という試験で課されるからである。

対策とは

「対策」という言葉は、問題文と答案文を意味する。問題文を「策問」、答案文を「対策」あるいは「対策文」といい、あわせて「対策」と総称している。策問は二問出題される。

博識が要求されるだけでなく文章表現の高度さも求められた。『養老令』（考課）によれば、「文理」（表現と論理）が双方高いものを「上上」、「文」が高く「理」が平凡なもの、あるいは「理」が高く「文」が平凡なものを「上中」、「文理」ともに平凡なのが「上下」、「文理」が粗略だが意が通じているものが「中上」、「文」が劣り「理」が滞っているものは「不第」と評価される。「中上」以上が及第となる。

対策では、出された主題について、広い知識（中国の文学・歴史・哲学）を踏まえて披露しながら、文章自体にも修辞を凝らして答える。そのうえ、策問のなかには枝問（徴事）が含まれ（六問から八問）、それにも答えなければならない。

該博な知識と高い文章能力が求められる試験であり、極めて難解で、だからこそ文章生から選ばれた優秀な文章得業生が受験した。

道真自身、のちに対策文について、「〔方略策は〕乾坤動植〔天地万物〕につうじる玄扃〔奥深い扉〕、仙・仏・鬼神につうじる幽壺〔奥深い道〕で、問答が重畳えされ、文章が夥多いが、博該ばかりを取いて、要術を捨てている」（「治要策苑序」文草・巻七）と、方略策が、知識の広さを問うばかりで、治世に必要な術策には目を向けていないと、知識への偏りを批判している。

勉学一途

文章得業生に補された道真は対策に向けて勉学に励むのだが、父菅原是善から、今までの書斎から移るように指示されている。

道真の邸は左京宣風坊にあったが、邸の南東に廊があり、その南端に一つの局（部屋）があった。是善は、この局から出た文章生や文章得業生は一〇〇人近くに及び、学ぶ者が「龍門」（登龍門）と呼んだ名所である、学問に励む間、汝の局とせよ、と命じた。そこで道真は、簾や席を移して書籍を安置し、対策までの勉学をこの書斎で行うように整えた（「書斎記」文草・巻七）。道真は対策に及第して以後も、この書斎を使うことになる。

道真は、のちにこの時代のことを、

少日為秀才　　少い日秀才であったとき、
光陰常不給　　光陰は常に給がなかった。
朋交絶言笑　　朋との交にも言笑すことが絶え、
妻子廃親習　　妻や子と親習むことを廃めた。

と回想している（「日の長きを苦しむ」文草・巻四）。「秀才」時代は、時間がいつも過ぎていき、友人と語ることも妻子と親しむこともなかったというのである。得業生時代には結婚していたことも確認できる。

また、対策までの勉学について、「家集を献じる状」で、一五歳の元服から対策まで、帳を下ろして戸を閉じて籠もり、儒教経典を勉強して、美しい景色があったとしても漢詩を詠むことは少なかった、という。

得業生になったこの年の二月、道真は下野権少掾を兼任した。一種の奨学金で、給与支給を目的として、諸国の掾（守、介に継ぐ三等官）を兼任させるのである。

のちの時代になるが、延喜一三年（九一三）五月四日の宣旨によって、得業生は七年以上学んで、博士の推挙を得て対策を受験することになる。道真はこの決定以前の得業生なのだが、貞観九年（八六七）に得業生となり、対策受験は、貞観一二年三月で、その間、三年である。短期間での受験であり、道真の優秀さがうかがわれる。

他方、道真は紀伝道で学びながら、菅家廊下でも父の教えを受けていた。菅家廊下は、正確には「廊下」という菅原家の私塾で、邸の廊に局があり、塾生たちはそこで学んでおり、それゆえ、菅家の私塾を「廊下」と呼んだ。道真もそこで学んでいるのである。

例えば、是善を講師とした『後漢書』の講書に道真は出席していた（「八月十五夜、厳閤尚書〔刑部卿是善〕後漢書を授け畢り、…」文草・巻一）。是善は、紀伝道では天安元年（八五七）八月二九日から貞観六年六月三日まで『漢書』の講書も行っていた。つまり、道真は紀伝道および菅家廊下で、父の講書を受けていた。

文章執筆・代作

道真は、父是善に命じられていくつかの文章を執筆している。貞観六年（八六四）の文章生のときには、連聡（同族の土師氏か）の霊に祈りを捧げる文（文草・巻七）を執筆している。興味深いのは、「顕揚大戒論序」（同巻七）で、貞観八年に父の命によって執筆した作である。『顕揚大戒論』は、慈覚大師円仁（七九四―八六四）が撰述した書で、天台宗を開いた伝教大師最澄（七六七―八二二）の『顕戒論』三巻を嗣いで、大乗戒の正旨を説いた作だが、円仁生前には完成せず、その弟子の安慧（七九四―八六八）が補訂・編集して完成した。その序文は、末尾に「丙戌歳十一月二十五日、釈安慧序」と記されているが、実際には、道真の代作である。

この当時、書物の序文（書序）は漢文で書かれることがほとんどだが、著名な儒家に代作を依頼するのが通例である。安慧は是善に依頼したのだが、是善は道真に書かせた。

当時是善は、従四位上刑部卿兼文章博士で、儒家の第一人者である。序文を受け取った安慧は、当然是善作と考え、是善に寄せた書簡（「菅是善に謝する啓」）で、序文のできばえを賛嘆している。謝礼の手紙だとはいえ、道真の序文がすぐれていたことがわかる。是善が道真に書かせた理由は明らかではないが、道真に対する教育のためといえるかもしれない。

こうした序文以外にも、当時の儒家は、法会を行う際に施主の祈願の意を述べる願文、官職を辞職する際の辞表などの代作を行っていた。

願文については、道真は早くも文章生になる前に代作を行っている。貞観元年、道真一五歳、元服した年に、刑部福主に代わって、福主の四〇歳を祝う願文を執筆している（文草・巻一二）。ただし、福主との関係も道真が願文を執筆した理由も明らかではない。しかし、まだ一五歳で依頼されたことは注目に値する。道真自身も「願文の始」という。

さらに貞観五年一二月には、源能有（八四五―八九七）の亡き母伴氏の一周忌法会のための願文を書いている（同巻一二）。源能有は文徳天皇の皇子で、源姓を賜り臣籍降下した。のち、右大臣に至るが、道真との長きにわたる交流を持つ。その最初と思しいのが、この願文の依頼である。能有と道真は同年である。ともに母が伴氏出身というところに縁があった。

辞表の例として早いのは藤原氏宗への代作である。貞観八年一一月二九日に藤原氏宗は右大将を辞職する表を奉ったが、道真の代作である（同巻一〇）。このとき、道真は文章生である。藤原氏宗は当時権大納言。そのような貴顕の辞表を道真は依頼されたのである。

源能有の願文もそうだが、特に藤原氏宗であれば、是善に依頼するのが自然であろう。若き道真の才が広く知られていた証左である。

道真は、紀伝道で学びつつ、さらに菅家廊下でも研鑽し、その学才は、まだ学生といっていい頃から知られていたのである。

菅外史の死と対策受験

道真は対策に向けて不安になることもあった。文章得業生になった翌年、菅家廊下の先輩、菅野助道(すがののすけみち)（菅外史(かんがいし)）が五九歳で死んだ。その死を悼んだ漢詩を道真は作り、先輩の安倍興行に送っている（「菅外史を哭(こく)し安著作郎(あんちょさくろう)に寄せ奉る」文草・巻一）。菅外史が、勉学に励みつつ対策を受験したものの、結局は落第し、出世できないまま年老いて孫だけを残したといい、それを「命(うんめい)である　皇天(てん)が〔才能を〕与えたが〔栄達を〕奪ったのだ」と詠んでいる。努力が報われず対策に失敗し、卑位(ひい)のまま老いて死んだ助道の姿は、対策及第を目指す道真に不安を与えたであろう。それを詩に詠んで、先輩の安倍興行に訴えたのである。

道真は、貞観一二年（八七〇）に対策を受験した。対策の出題者（問答博士）は、先に触れた都良香である。良香は、従五位下主計頭(かずえのかみ)貞継(さだつぐ)の子で、貞観二年四月二六日に文章生となり、文章得業生を経て、同一一年に対策及第、翌年には少内記になっていた。

対策は二題が出題される。都良香が出題したのは「氏族を明らかにせよ」と「地震を弁ぜよ」である。策問は都良香の『都氏文集』に収められている。

道真の対策に関わる史料について指摘すべきことがある。問答博士が出題する策問二題、その答案である対策文二条、そして、それを問答博士が判定する評定文の三種が対策に関わる史料なのだが、道真の対策は、このすべてが揃っている唯一の例である。

まず良香が作った策問二題である。すべてを紹介する紙幅はないが、前者「氏族を明らかにせよ」の冒頭は「問。錫姓分類、導俗之方著焉、命氏表功、軌物之迹至矣（問う。〔天子が徳のあるものに〕姓を錫って〔臣下を〕分類していくことで、俗人を導く方法が著かとなり、〔臣下に〕氏を命名して勲功を表彰し、軌物の迹が至るのである）」から始まる。

引用した白文からも明らかなように、四字六字の対句を中心に構成された文章で（四六駢儷文という）、約一八〇〇字からなる。氏族について論述を求める発問だが、単なる論述試験ではない。問題文には、徴事と呼ばれる枝問が含まれる。この策問では四問ある。道真は、枝問に答えながら、氏族について、策問と同じように四六駢儷文で答えるのである。

道真の答案である対策文は、冒頭「窃以、天形地翮人倫、則三才之所克諧、翼子謀孫姓氏、則九族之攸周備（窃かに以えますに、天の形、地の翮、人の倫は、則ち三才〔天・地・人〕によって克く諧えられる所であり、〔祖先を〕翼う子、〔祖先が、ためを思って〕謀する孫、〔継承されてきた〕姓や氏は、則ち九族に周く備わっている所なのです）」と始まり、約七四〇〇字で記されている。

徴事についても、一つあげれば、「陰陽清和の本について、その先を述べよ」とある。それは「陰・陽・清・和」という四氏の先祖についての質問である。

これに対して道真は、例えば「陰」については、「斉から楚に適き、管修はすでに陰大夫となっていた」と、陰大夫となった管修が陰氏の先祖であると説明する。このように徴事に答えながら論述していくのである。

先述したように、この対策については、良香の判定文が残されている。設題意図とのずれや誤字脱字などが指摘されるが、「詞の章(あや)を織りこんでおり、その体(スタイル)に観るべきところがある」と評し、『養老令』の条文に照らし合わせて、「文章と論理が粗々通じている」ので、「中上」と判定している。「中上」は合格では最低点である。ただし、この当時、対策及第の成績の多くは「中上」である。

虫食いの桂を折る

対策に及第すると、成績に応じて位階が上がる。道真の成績「中上」は、三階を加えられる規定になっていた（「官人出身法の構造」）。

貞観一二年（八七〇）九月一一日に加階が行われたが、「文章得業生正六位下菅原朝臣(あそん)道真に一階を加える。中上の成績で合格したからである。本来ならば延暦二一年（八〇二）の格によって三階を加えるべきだが、もとの位が正六位下であったので一階を加えるのみにする」と一階の加階に留まった。これは五位と六位の間に大きな懸隔(けんかく)があるためである。

三位以上を「貴(き)」、五位以上を「通貴(つうき)」といい、五位以上がいわば貴族であり、六位以下の中下級官人とは格差がある。それが影響した。ちなみに、道真の問答博士、都良香は、対策に「丙科(へいか)」(上中)で及第したものの、すでに正六位上であったため、そのままの位に留められた。それほどまでに五位の壁は厚かった。

しかし、ともかくも道真は、官人世界に出ることになった。二六歳である。

長きにわたる紀伝道の修学が終わるわけだが、道真の感慨を直接的に示す史料はない。王大夫(未詳)が対策及第を祝って贈ってきた詩に答えた作(文草・巻一)の第三、四句に「幸いにも空(むな)しく〔不合格して〕白首(はくはつ)で帰ることから免(まぬが)れた。上〔の位〕に列(つら)なって青い雲〔のような高い地位〕に在(あ)りたいとは期していない」といい、また末尾に「〔合格という〕功を成して管領(ひとりじめ)していると道(い)わないでください。一枝の蠹(むしくい)の桂を折っただけで家君〔父君〕に謝さないといけません」と、王大夫が対策及第を称えたことに謙遜(けんそん)し、成績不良での合格を父是善に謝らなければ、という。

「桂を折る」とは、対策及第を意味する。その桂が虫食いであったというのは、成績不良を示す。祝ってくれた王大夫への返事なので、割り引いて考えなければならないが、道真には不満の残る成績だったといえようか。

3 官僚としての出発——詩人無用論と順調な昇進

少壮官僚道真を紹介する前に、対策及第前後、道真や島田忠臣たち是善門下生を襲った「詩人無用」の声に触れておきたい。

貞観八年（八六六。あるいは貞観九年）正月に島田忠臣が詠んだ詩（「春日仮景、同門の友人を訪る」田氏家集・巻上）に見られる「詩人無用」の声は、「儒家」が、菅原是善やその門下生に向けた批判である。「儒家」とは、序章で述べたように、紀伝道の学問に基づき、実務官僚として職務を果たしている者たちを指す。彼らこそが紀伝道の主流である。紀伝道は、詩人を養成するのではなく、儒学を基礎とした実務官僚を育てる機関であり、「儒家」と称されるのは、そうした彼らである。道真も自分を「儒者」「儒家」と呼んでいる。

すでに紹介したように、儒家自身、紀伝道に入学する際に文章生試の漢詩で合否を判定されている。したがって「詩無用」「詩人無用」が、漢詩自体、漢詩を作る漢詩人自体が無用だという非難であれば、儒家自身にも返ってくる言葉となる。

また、当時、漢詩を作る場として、宮廷詩宴（天皇が主催する詩宴）があった。正月二〇日頃に開かれる内宴、九月九日に開かれる菊花宴（重陽宴）を中心に、曲水宴や臨時の詩宴などが季節に応じて開かれ、儒家の参加が要請され、彼らも漢詩を詠むのである。とすれば、「詩人無用」は、詩人自体、漢詩の存在自体を否定する非難ではあり得ない。

それにもかかわらず、儒家が「詩人無用」と是善らを非難したのはなぜか。

非難を向けられた中心人物、是善の存在が大きかろう。序章で述べたように、是善は文章博士を二〇年余り務め、官僚を育てる立場のトップに居続けていた。その是善は、天性穏やかで、世俗に関わらず、常に美しい風景を賞(め)でて、詩作を楽しむと評されていた。いかにも詩人といえよう。是善が学儒であったことは序章でも述べたが、この評価にあるように、詩人性を持っていたことも確かなのであろう。そして、その姿勢がプライベートな場だけではなく、公的な場に出たことがあるのではないだろうか。

紀伝道で学ぶのは、あくまで官僚として務めるためである。学問を修めるのを終極の目的として入学するのではない。そのような紀伝道で講義をする博士が、世俗に背を向け、美しい風物を賞で、詩を詠むことに熱心であったらどうか。自分は詩人であり、美しい景物を見て、心を動かし、漢詩を作ること、そのために俗世間に背を向けたいのだ、というような主張をしていたとすれば、受講する学生は、たまったものではない。もちろん、是善がそのような主張をしたという証拠はない。しかし、「詩人無用」の声の存在自体が、是善らが詩人を強く標榜(ひょうぼう)したことを逆から示しているように思えるのである。

つまり、「詩人無用」は、詩や詩人が根本的に無用であると非難しているのではなく、実務官僚である儒家が主張している以上、政治や実務に役立たない詩など無用だという批判だと理解すべきであろう。近年、文学研究は社会の役に立つのか、という批判があるが、それに近いものと考えるべきか。

政治に役立つ文学とは、そもそも中国に起源を持つ。中国の文学論として欠かせない「毛(もう)

詩大序」は、「詩とは志の之く所」と定義する。だからこそ、世の中の人々の心が「詩」に表れるのであり、それを用いて、王は政治を行うとされる。中国の文学観は、儒教的政教主義的文学観といわれるが、政治と密接に結びついている。「詩人無用」を唱えた儒家が持つ文学観とはまさにそれである。だからこそ、世事に背を向け、風月を詠むだけの詩人に対する反発が生じる。ただの花鳥風月詩が、社会の、政治の、何の役に立つのか。

この批判に道真はどのように答えたのか。

詩臣道真

「詩臣」は、道真の作品に集中的に現れる言葉で、中国に用例を見出せず、道真の造語ともされるが、道真の用法に即す限り、宮廷詩宴で漢詩を献上する献詩者を意味する。

道真の「詩臣」が最初に現れるのが、貞観一〇年（八六八）開催と推測される内宴で「物として春に逢わないものは無い」という題で作った詩序（詩会の序文）と詩である（文草・巻一）。この内宴が開かれたのは「詩人無用」の声が記録された翌年あるいは翌々年に当たる。道真は宮廷詩宴で詩を詠む「詩臣」として強固な自覚を持っていくのである。

宮廷詩宴で詠まれる詩は天皇の恩徳を称える。つまり道真がいう「詩臣」とは、天皇の恩徳を称えることで、天皇に仕えることになるのだ。このような「詩臣」という言葉が「詩人無用」論と近い時期に見えることは看過できない。儒家が、詩など政治に無用だと非難したのに対して、道真は「詩臣」という立場があるではないかと答えたのである。そして、「詩臣」が漢詩を詠む宮廷詩宴という場は、公事（くじ）であり、政務の一環なのである。宮廷詩宴の中心となる内宴、重陽宴は、当時の公事を記した「年中行事障子」にも記載されている。したがって、宮廷詩宴での賦詩は公事である。だからこそ、道真は「詩臣」＝詩をもって仕える臣下と表現でき、政治に有効な詩の存在を主張できたのである。

儒家にとっても宮廷詩宴の献詩は、果たすべき職務であったのだから、その意味でも道真の反論は有効であったといえよう。政治に役に立たないと非難されたのに対し、役に立つ詩の存在を示したことになるからである。

しかし、この「詩臣」という概念を、道真以外の是善門下が用いたかといえば、疑問が残る。もっとも近しい島田忠臣も、漢詩のなかで「詩臣」という語自体使っておらず、宮廷詩宴での献詩に特別な意義を与えているとは考えがたい。

宮廷詩宴でいくら天皇を賛美する漢詩を作っても、直接昇進に繋がらないからである。

そもそも、宮廷詩宴は、内宴・重陽宴に臨時の詩宴を含めても、年に数回しか開かれない。ならば、「詩臣」という立場で国家に仕えるとは、極めて不効率であろう。三代にわたる儒家として官界に基盤のある道真にして初めて「詩臣」を標榜できたといえる。それは、他の紀伝道出身者にとっては異質の主張であろう。紀伝道出身者は、文章博士などの学儒として、あるいは弁官（行政事務担当機関）などの実務官僚として役割を果たすのが本筋なのである。

「詩臣」とはつまり、「詩人無用」論に対峙（たいじ）するための一つの方便であったといえる。ただ、単なる方便に終わらず、詩と政治の新たな関係として、のちに讃岐（さぬき）時代の作に結びつく。

少壮官僚道真

対策に及第した翌貞観一三年（八七一）二月二九日に玄蕃助（げんばのすけ）に任じられて、道真は官僚として立った。三月二日には少内記に任じられる。玄蕃助はわずかな期間となるので、少内記からが、本格的な官僚としての出発となる。

内記は、詔勅を起草し、宮中の記録を掌る。中国の文学・歴史の高度な知識が必要で、紀伝道で学び、対策に及第した人物にはふさわしい官である。道真は貞観一六年正月まで三年間、この任にあった。少内記の定員は二名で、問答博士の都良香が先に任じられていたが、すぐに大内記（定員二名）に昇任した。

この間、道真が執筆した詔勅が『菅家文草』巻八に残っている。そのなかに、渤海使（ぼっかいし）に関わる勅が二編ある。

渤海は、現在の中国東北地方にあった国家で、奈良時代から日本と交流があったことはよく知られている。貞観一三年一二月一一日に渤海大使楊成規（ようせいき）ら一〇五人が加賀国に来着し、翌年五月一五日に入京した。その大使らがもたらした渤海王の書簡に答えたのが少内記道真の手になる「渤海王に答える勅書（ちょくしょ）」である。渤海使たちは日本で位を授かるのが通例だが、その勅「渤海入覲使に告身を賜う勅書」も執筆している。これらは内記の職務である。

なお、渤海使の対応には儒家が役割を担うところがある。事実、道真自身も貞観一四年正月六日に、渤海使を慰労する存問渤海客使に任じられている。ただ、道真は、正月二六日に母の死に伴って、その職から離れている。

母は道真に遺言している。幼少の頃、道真が病弱で、母が観音の力を念じて救ったことは先に述べたが、死に際して「汝に禄が有るところから、上分〔神仏へ収めるだけの分〕を割き、分寸でも貯めておき、用度〔費用〕としなさい。観音像を造るという願を立てた本は、汝の身にあるけれども、懈緩の責めは、恐らくは余が累となろう」と、観音像の造立を道真に託した。のちに造立は終わったが、供養を済ませないうちに時が過ぎ、ついには父の死までも迎えることになる（「吉祥院法華会願文」文草・巻一二）。

気になる評価

貞観一六年（八七四）正月七日、道真は従五位下に叙された。三〇歳。祖父清公が唐から帰国して従五位下になったのが三六歳、父是善は三三歳で叙されている。摂関家とも親しく、儒家として重用されていた橘広相は三一歳で従五位下である。道真の早さがわかろう。

同月一五日、兵部少輔に任じられた。武官の人事に携わる兵部省の次官である。が、一月半程度で民部少輔に転出し、以後三年間務める。民部省は諸国の民政や国家財政に与り、戸籍、課役、交通や田地などを管轄し、多忙な役所である。道真が任じられていた頃の長官、民部卿藤原冬緒（貞観一六年～元慶八年〈八八四〉）や、次官の民部大輔藤原保則（貞観一八年～同一九年）は実務官僚として著名な官吏である。

民部少輔に任じられた道真は、島田良臣に詩を送っている（「戸部侍郎を拝して聊か懐う所を書して田外史に呈す」文草・巻二）。良臣は、道真にとって義理の叔父に当たる。良臣は紀伝道で学び、貞観一五年から少外記を務めていた。外記は、文書作成や儀式・公事などの記録、先例の調査などを行う職掌を持つので、紀伝道出身者がよく任じられる官である。

詩の冒頭で「聞くところによれば劇しい官である戸部郎〔民部少輔〕は。人臣としてどうして簡べようか　職が閑なのか忙しいかを」と現職の多忙さを詠む。後半をあげる。

案牘初慙従政理　案牘〔文書〕にむかって初めて慙ずかしく思う　政理〔政務〕に従うことを。
風雲暫謝属文章　風雲をみても暫くは謝そう　文章を属ることを。
知君近侍公卿議　知っている　君が公卿の議の近くに侍していることを。
功過昇降報莫忘　〔人事の〕功過・昇降を〔私に〕報げて忘れることが莫いように。

民部少輔となって、「案牘」を扱うけれども、慣れない政務で恥ずかしく思い、詩興をかき立てる「風雲」があっても、漢詩文作成をしばらくは止めると詠む。そして最後に、あなたが公卿会議に近侍することを知っている、だから、会議で評価される私の「功過」（職務上の功績と過失）を教えてくれ、と頼むのである。

まだこちらの政務には慣れていない、しかし、詩文を作ることを控えて精勤したいと思う、そういう私の評価を、公卿の議で聞いたら教えて欲しいと詠む。自分の評価を知りたいという道真の、ともすれば小心翼々たる心情を示しているように思われ、興味深い。

また、いかに漢詩文を作る能力がある道真とはいえ、当初は公文書を作るのが難しかったのだ。文学的な文章と公文書の差異を示している点もおもしろい。

藤原基経との交流

少壮官僚として官界に出て多忙な道真であるが、この間にも多くの代作をしている。それは道真の文章への高い評価を示すとともに、交流の一端を表している。

例えば、少内記時代の貞観一四年（八七二）七月には、源生が右衛門督辞任を願う状（文草・巻九）を書いている。民部少輔時代は、貞観一六年一〇月に小野親王（惟喬親王）のため、親王が特別に賜った封戸を断る第一表、第二表、第三表（同巻一〇）を、貞観一六年一一月には、源湛の亡妻四十九日の願文も執筆している（同巻一一）。さらに、貞観一八年二月には、淳和天皇の皇后であり、当時、太皇大后であった正子内親王の命によって、嵯峨院を大覚寺とするための状を執筆している（同巻九）。

他にもあるのだが、文章博士という儒家の頂点に立っている時期であれば、代作の依頼が増えてもおかしくないが、早くから道真の才学は知られていたのだろう。太皇大后の代作があることは注目されていい。

しかし、それ以上に着目すべきは、当時、右大臣として実質的に政権を運営していた、藤原基経の代作を執筆していることである。

基経は藤原長良の子息だが、良房の養子となり、その跡を嗣いだ。摂政太政大臣藤原良房が没する直前の貞観一四年八月二五日に、大納言源融（五一歳）が左大臣に、藤原基経（三七歳）が右大臣に任じられたが、このとき道真は、一〇月一三日付の、右大臣の辞職を願う表（同巻一〇）を代作している。当時道真は、少内記で二八歳である。

さらに藤原基経は、貞観一八年一一月二九日に摂政に任じられたが、一二月一日付の摂政を止めることを請う表（本朝文粋・巻四）、および同五日付の同第二表も執筆している（文草・巻一〇）。二度にわたる辞表が、ともに道真の代作なのである。

先述したように、こうした辞表は、著名な儒家に依頼するのが通例である。しかも右大臣、摂政の辞表であるだけにその重要性は高かろう。貞観一五年九月二日付の、藤原基経が、故父太政大臣良房の遺命によって水田を興福寺に施入する願文（同巻一一）も執筆している。

これらは、道真の父、是善に依頼してもよかったはずで、この頃、是善は参議に任じられており、身分といい地位といい、代作を依頼されるにふさわしい。藤原基経名義の表・願文がこれ以外誰の代作であったかが不明確で、確実なことはいえないものの、若い道真の才に基経が注目していたと考えられよう。

藤原基経は、学問に強い関心を抱いていた。自邸で講書を行い、詩会を開き、儒家を参集させていた。道真も出席している。この時期では、貞観一六年正月二二日の基経邸詩会に出席し詩を詠んでいる（「早春、右丞相の東斎に陪し、同に「東風梅を粧う」を賦す…」同巻一）。

道真はそのことを「書斎にて雨の日に独り梅の花に対う」（同巻一）という漢詩に言及している。その際、宮中の内宴に参加したことと並べて基経邸詩会への出席を詠んでいる。同作には道真の自注があり、「今年の内宴で勅が有って、春の雪が早梅に映えていたのを〔詩に〕賦した。内宴の後朝〔翌日〕、右丞相〔右大臣〕が詩客五、六人を招いて、東風が梅を粧うのを〔詩に〕賦させた。余は不才ではある雖も、この両宴に侍った。故に云うのだ」と記している。宮中内宴と基経邸詩会への参加を対句として詠み、双方への参加を名誉に思っていたのである。この詩は、詩題に表れているように、道真が一人書斎にいるときに詠んだ作で、それだけに道真の心情が素直に表されているといってよかろう。

こうして、官界に出た道真は、実務官僚として、儒家として多忙を極めながら過ごしていくのである。

第2章　文章博士時代——父祖の跡を嗣ぐ

1　儒家官僚、師として——文章博士兼任と菅家廊下運営

式部少輔への就任

貞観一八年（八七六）一一月二九日、清和天皇が、九歳の皇太子（陽成天皇〈八六八—九四九〉）に譲位、外伯父の右大臣藤原基経は摂政に任じられた。基経は辞表を奏上したが（道真代作）、慰留され摂政を務めることになる。この陽成朝こそ道真の儒家官僚としての得意の時期となる。それは中傷誹謗に囲まれる苦悩の時代でもあった。

翌年正月一五日に道真は民部少輔から式部少輔に遷った。三三歳。式部省は、文官の人事や礼儀関係を主として管轄する。大学寮も管轄し、職務柄、紀伝道出身者が任じられることが多い。道真の祖父清公も式部少輔、大輔を務め、父是善も式部大輔を務めた。道真は仁和二年（八八六）に讃岐に転出するまでこの職にある。

長い期間にわたるので、同僚の変化も多いが、元慶八年（八八四）までは式部省の長官である式部卿は時康親王で、のちの光孝天皇である。式部大輔として、道真と同日に着任したのが橘広相で、元慶五年まで同僚となる。

尚歯会

この年（元慶元）の三月、大納言南淵年名が小野の山荘で尚歯会を開いた。尚歯会とは、唐の詩人白居易が創始した、「歯」（年齢）を「尚」（貴）ぶ会との名称通り、長寿を祝う会である。平安時代、白居易の文学が、漢文学に限らず物語、和歌に広く影響を与えたことはよく知られている。漢文学については、仁明天皇時代の承和期（八三四―八四八）から本格的な受容が始まり、道真の作品にも多くの影響が見えるのだが、文学の表現だけでなく、文学創作の場にも影響を与えている。尚歯会もその一つである。

唐の会昌五年（八四五）三月二一日、七四歳の白居易の邸宅に、いずれも七〇歳を超えた七人が集まり、長寿を祝う会が行われ、七言六韻の詩が詠まれた（「胡・吉・鄭・劉・盧・張等の六賢、皆年寿多く…」白氏文集・巻七一）。これを踏まえて我が国で行われた最初が、この南淵年名の尚歯会である。年名（七〇歳）を含め七人が集まった。是善も招かれた。六六歳である。このとき、七人が詠んだ詩は残されていないが、是善作になる詩序が残っている（「暮春南亜相山庄尚歯会詩」本朝文粋・巻九）。

この尚歯会には垣下と呼ばれる人々が陪席者として列席しているのだが、道真もその一人として尚歯会を見る詩を詠んでいる（「暮春、南亜相山荘尚歯会を見る」文草・巻二）。道真は、「吾が老〔老父〕を看る毎に誰が涙に勝えられようか。この会は当為に少年を悩ますのだ」と詠んでいる。長寿を祝う会ではあるが、父を見てその老いを悲しむのである。

文章博士となる

同年一〇月一八日、道真は文章博士に任じられた。式部少輔は兼任である。文章博士は、大学寮紀伝道で中国の文学・歴史を教授する官職である。巨勢文雄が左少弁に転出した後任だが、文雄が続けていた紀伝道での『後漢書』講書も引き継いだ（紀長谷雄「後漢書竟宴、各史を詠じ龐公を得たり」本朝文粋・巻九）。

この就任によって、文章博士の官は、祖父清公、父是善から道真へと、三代継承されることになる。それにしても三三歳での任官は若い。清公は五〇歳のときである。是善が三四歳で任じられているのはかなり若い事例なのだが、道真はそれよりも早い。ただし、道真以上に若くして博士になった者がいる。橘広相で、三一歳である。先の式部少輔と同様、道真は仁和二年（八八六）正月までその任を務めることになる。

文章博士の定員は二名で、同僚の博士は、道真の対策時に問答博士であった都良香である。良香は二年前から任にあったが、元慶三年（八七九）二月二五日に没する。道真とは二年半ほど同僚であった。その後、道真は、足かけ八年一人で文章博士を務めることになる。序章に述べた通り、祖父清公から父是善まで、三年ほどの空白以外、四二年間、菅家が文章博士を務めていた。そして、是善の離任から一〇年後に道真が博士となる。是善離任後、博士となったのは、巨勢文雄と橘広相で、広相は是善門下である。平安前期は菅家およびその門下が常に紀伝道の頂点にいたといってよかろう。

文章博士の職掌は、まず紀伝道での講義である。具体的な講義内容は史料的に不明な部分があるが、先に触れたように、前任の文章博士巨勢文雄の跡を嗣いで、『後漢書』講書を行っていた。道真に「講書の後、戯(たわむ)れに諸進士に寄す」（文草・巻二）という漢詩があるが、これによれば、『後漢書』に載せられる大学者、鄭玄(じょうげん)およびその子息、鄭益恩(じょうえきおん)の伝記を講義したようだ。この作品の題にあるように、講義の後、受講生である「進士」（文章生(もんじょうしょう)）に詩を詠みかけるようなこともあった。

父の驚きと誹謗中傷

道真の博士就任は、菅家にとってもその門下生にとっても喜ばしかったろう。しかし、父是善は違った。道真は「博士難〈古調〉」（文草・巻二）という長詩のなかで次のように詠む。

我為博士歳　　我(わたし)が博士と為(な)った歳、

堂構幸経営　堂構（どうこう）〔親の跡を継承〕して幸いにも〔家の土台を据えるように〕経営〔基礎を固めること〕ができた。

万人皆競賀　万人が皆競って賀（いわ）ったが、

慈父独相驚　慈父（じふ）だけが独り相驚（おどろ）きあわてた。

相驚何以故　相驚きあわてたのは何を以（もっ）ての故か。

曰悲汝孤惸　曰（いわ）く「汝が孤惸（ひとりご）なのを悲しむのだ。

博士官非賤　博士の官は賤（いや）しいものではない。

博士禄非軽　博士の禄は軽いものではない。

吾先経此職　吾（わたし）が先にこの職を経（へ）たとき、

慎之畏人情　〔身を〕慎んで人の情（こころ）を畏（おそ）れたものだ」と。

始自聞慈誨　始めて慈（いつくしみ）にみちた誨（おしえ）を聞いてから、

履氷不安行　氷を履（ふ）むように〔戦々兢々（せんせんきょうきょう）として〕安らかに行（すす）むことができなかった。

万人が文章博士就任を祝うのに対し、父は驚き慌てて教えを垂れた。道真に頼る人がおらず、しかも文章博士は地位も禄も低くない。自分がその職にあったときは、人の心—嫉妬（しっと）心などであろう、その心を畏れて慎んだというのである。道真もその教えを聞いて、慎んで職を果たそうとする。この父の教えは現実となる。「博士難」にはそのことも続けて記される。

四年有朝議　〔元慶〕四年に朝議があって、
令我授諸生　我に諸生に〔学問を〕授けさせた。
南面纔三日　南面して〔講義すること〕纔かに三日で、
耳聞誹謗声　耳に誹謗の声を聞いた。
今年修挙牒　今年挙牒〔推薦状〕を修〔執筆〕したところ、
取捨甚分明　取捨〔選択〕は甚だ分明だったのに、
無才先捨者　才が無くて先ず捨てられた者が、
讒口訴虚名　讒口〔讒言〕して虚名〔いつわりの名誉〕を訴えたのだ。
教授我無失　教授することは我に失は無く、
選挙我有平　選挙〔選出〕することは我に平〔公平〕さが有った。
誠哉慈父令　誠であることだ 慈父の令は。
誡我於未萌　我に未だ萌さないうちに誡めたのだ。

道真は紀伝道の学生に講義したが、たった三日で誹謗中傷され、学生への推薦状を書いたが、自分としては公平に選んだものの、学才がなくて最初に推薦から外された者が讒言して自分こそが選ばれるべきだったと訴えたという。講義内容にも推薦にも落ち度はなかったのにこのような目に遭うとは、我が父の教えは本当であったのだ、という。
道真は、こうして式部少輔、文章博士を兼任し、儒家を領導する立場となったのであるが、それは誹謗中傷嫉妬のなかでの出発だった。

父の死

元慶七年（八八三）正月一一日に道真は加賀権守を兼任する。道真は、この兼任をいたく喜んで詩を詠んでいる（「遥かに賀員外刺史を兼ねしめらるるを喜ぶ」文草・巻二）。第二句で「最も喜ばしいのは先君〔父〕も先にこの州〔加賀国〕に任じられたことだ」と父と同じ官であったことを喜んでいる。是善は嘉祥三年（八五〇）に加賀権守を兼任しているが、文章博士のときであった。道真は父祖の業の継承を詩に詠むことが多いが、父を祖父以上に意識している。

その父が没したのが、元慶四年八月三〇日である。是善は六九歳で、従三位参議刑部卿であった。菅家で初めて議政官である参議に昇り、摂関家とも関わりつつ、多くの弟子を育てたことは、序章で述べた通りである。

道真は、是善の死をどのように受け止めたのか。実は、是善死去に対する道真の心情を表現した作品は現存しない。息子の死について、「阿満を夢みる」という長編の詩を作っているが、父の死を主題とした作品は残っていないのである。

のちに道真が父の死に言及した詩に、「藤進士を傷んで東閤の諸執事に呈する」（同巻二）がある。藤原氏の文章生が死に、彼を悼んで「東閤」（藤原基経の書斎）の執事に送った作である。その第五、六句に「秋に声をあげて父を喪って哭いたこととは校べられないが、それでも猶暁に涙して〔死んだ〕児を夢にみた悲しみには勝る」と詠んでいる。藤進士の死を、父を亡くした悲しみには及ばないというこの内容は、藤進士を悼む表現としてはふさわしくないようにも思われる。が、それほど道真にとって父の死は衝撃であったのだろう。この詩を受け取った「諸執事」もそれは理解してくれると道真は思っていたのであろう。

あまりの悲しみのために詠めなかったのか、それとも詠んだが『菅家文草』編纂の際には残っていなかったのか、残っていたけれども『菅家文草』に載せたくなかったのか、このあたりは不明としかいいいようがない。

菅家廊下の運営と弟子たち

父を亡くした道真だが、官僚としての公務はもちろん、祖父から続く菅家廊下の運営も行わなければならなかった。在籍した門下生の人数は明確にしがたいが、『北野天神御伝』によれば、道真の時代に至って、「門徒数百」で、門生は「朝野」に充満したという。道真「書斎記」（文草・巻七）には、是善の言として、ここから出た文章生、文章得業生は一〇〇人近くに及ぶと記されている。それだけ多くの菅家廊下出身の官僚がいたのだろう。

以前からこうした私塾は存在し、門下生同士での争いがあった。道真の頃でも、道真の詩友、巨勢文雄は大江音人に学んだし、紀長谷雄は、当初都良香に就いたという。古く、菅家学閥に対抗する存在として、大蔵善行学閥が想定されていたが、その存在は現在では否定的である（「大蔵善行七十賀詩宴について」）。菅家廊下が、紀伝道では一大勢力であったのは間違いない。

元慶八年（八八四）春、文章生試が行われ、道真の弟子一〇人が及第した。道真が出題し、判定には橘広相が与ったという（大江匡衡「請ふ、重ねて…」本朝文粋・巻七）。紀伝道は定員二〇名で、そのうち一〇名を道真の弟子が占めることになる。

この結果を見れば、中下級貴族出身で、紀伝道で学修して官僚となり、それなりの地位を手に入れようとすれば、菅家廊下で学ぼうと考える人々が増えるのも当然であろう。菅家廊下から多くの官僚が輩出されたのも自然な流れである。

この及第者一〇人に対して、道真は及第を祝う絶句を作っている（「絶句十首。諸進士の及第を賀す」文草・巻二）。各詩の末尾に学生の名前が字で記されており、これだけの受験生（合格者）がわかるのは、資料としても貴重である。ただし、実名が不明な人物も多い。紀伝道で学び官僚となったとしても、高位まで登らなければ資料には残らない。

2　渤海使の来朝——漢詩による接遇

漢詩をめぐる不興

弟子を一〇人合格させる二年前の元慶六年（八八二）一一月一四日、渤海大使裴頲ら一〇五人が加賀国に着岸した。前回の渤海使来着は、一一年前である。当時道真は存問渤海客使に任じられたが、母の死のために務められなかった。

元慶七年四月二八日に、渤海使は鴻臚館（外国使節の宿泊施設、迎賓館）に入った。五月三日、天皇は豊楽殿に出御し、渤海使に饗宴を賜った。渤海大使裴頲に従三位が、副使高周封に正四位下が授けられた。五月一〇日には天皇が朝集殿で渤海使に饗宴を賜った。大臣以下が座に着き、五位以上で容貌・振舞のすぐれた者三〇人が侍した。

このとき事件が起きる。左衛門権佐藤原良積が渤海客を引率し、西堂の座での飲宴を担当した。元来、良積はこの役割ではなかったのだが、担当者に支障があって交替したのである。良積も容貌・振舞がすぐれた人物だが、その座で、大使裴頲が漢詩を作り良積に送ろうとしたとき、良積は漢詩を作るのに慣れておらず、座を立って出てしまったのだ。それを見た裴頲は詩を送るのをやめた。翌々日、渤海使は都を出、故郷に向かった。

渤海使への対応

この間道真は何をしていたか。渤海使が鴻臚館に入る前の四月二一日、道真は、仮に治部大輔の事を行うよう、島田忠臣は、仮に玄蕃頭の事を行うように命じられた。両者ともに、文章博士や美濃介という本官がありながらである。

国史はこの任命について、「渤海大使裴頲に対応するためである」と説明している。治部省は海外使節についても管轄し、玄蕃寮は治部省の被官で、海外使節の送迎・饗宴などを取り仕切ることも管轄している。これらに任じられるのは、渤海使対応として理解できるが、大使裴頲のために、わざわざ道真、島田忠臣を仮に任じたのはなぜなのか。

島田忠臣は以前同じように仮に任じられたことがある。貞観元年（八五九）三月一三日に、仮に加賀権掾に任じられて加賀へ向かった。同年正月に能登国に来着して二月に加賀国に移された渤海使に対応するためである。国史には、「渤海副使周元伯は漢詩文に優れている。そこで越前少掾従七位下島田朝臣忠臣を仮に加賀権掾に任じ、加賀に向かわせる。元伯と唱和させるためである。忠臣に漢詩文を作る能力があるからである」と記されている。

つまり忠臣が仮に任じられたのは、渤海副使と漢詩文の唱和を行うためだ。今回の場合も同様であろう。

渤海大使裴頲は、先述したように藤原良積に詩を送ろうとしており、漢詩文の能力に秀でていた。日本側としても十分に対応できる人物を用意する必要があった。なぜなら、日本側からすれば渤海使は「蕃客」、すなわち中華（日本）の周辺にある未開の国から来た使だからである。彼らは、天皇の徳を慕って教化されるためにやって来る。平安初期の勅撰漢詩集『凌雲集』に載せられた、大伴氏上「渤海入朝」には、「〔渤海使がやってきたことで〕乃ち知った天子の玄い徳が已に深遠で〔計り知れないほどで〕あり、〔その徳に感化されて〕帰化しようとする〔渤海国の〕純情は最も昭である」と詠まれている。渤海使は、天皇の徳を慕ってやってくるのである。いわゆる中華思想であり、周辺の文化劣った国が、その中心にある国の徳を慕ってやってくる、逆にいえば、周辺に文化の劣る国を設定して、自らの国を文化の中心に位置づけるのである（もちろん渤海側からすれば、日本との交易のためにそのような形式を取ったにすぎないという側面もある）。

そのような立場に日本と渤海の関係を置く以上、文化、当時であれば儒教を中心とした文化は、渤海以上に日本に根付いていなければならない。その一つの象徴として、文藝＝漢詩文がある。だからこそ、威信をかけても、渤海使以上の漢詩人を応対に出さねばならない。「仮に」という形で任じてでも、道真、島田忠臣が選ばれたのはそのためである。

今回の渤海大使裴頲は極めてすぐれた漢詩人であった。道真は「七歩の才」（詩文を作るすぐれた才能。魏の曹植が兄曹丕に七歩以内に詩を作らなければ処刑すると命じられ即座に兄の非情を訴える詩を作った故事による）と評している（「鴻臚贈答詩序」文草・巻七）。

渤海大使への詩の贈答

渤海大使裴頲に対応して詩の贈答を行うことになった道真たちの行動は、道真の「鴻臚贈答詩序」に詳細が記される。同序は、このときの渤海大使裴頲と、道真、島田忠臣、そして掌渤海客使として在京中の渤海使の接待に当たった、坂上茂樹（さかのうえのしげき）、紀長谷雄が応酬した漢詩五八編に、江郎中（ごうろうちゅう）（大江玉淵（たまぶち）か）の詩一首を加えた、全五九首を収める漢詩集『鴻臚贈答詩』の序文で、現在詩集は残っておらず、道真執筆の序文のみが『菅家文草』巻七に残る。

この序によれば、渤海使が在京するほぼ全日を期間として道真らと裴頲は贈答を行っている。裴頲と道真らはすべて対面して詩を詠んだ。対面した場でなければ、事前に詩を作って準備することも可能であろう、だから、直接顔を合わせない限り詩を作らないようにし、しかも、草稿を作らず訂正もしないでおこう、と決めたという。詩才にすぐれた裴頲に対して、準備せず訂正もせずに応酬するという、道真らの自信もうかがわれる。

一首取り上げてみよう。渤海使帰国の前日に詠んだ道真の作である（文草・巻二）。

　夏夜於鴻臚館餞北客帰郷　　夏の夜鴻臚館で北からの客が帰郷するのを餞（せんべつ）する
帰歟浪白也山青　　帰ろう歟（か）〔と歌いつつ〕〔日本海の〕浪（なみ）の白く也（また）〔北陸の〕山の青いなかを〔お帰りになるのだが〕、
恨不追尋界上亭　　恨めしいことに〔畿内を出られず〕界上〔国境の辺（あたり）〕の亭（うまや）まで追い

かけて尋ねることができない。

腸断前程相送日　　腸は断ちきれそうだ　これから前の程〔旅程〕を送る日は。
眼穿後紀転来星　　眼は穿たれる　後紀〔一二年〕をまって転って来る星を見つめて。
征帆欲繋孤雲影　　征く帆に繋ぎとめようとするかのように孤雲の影がまとわりつき、
客館争容数日扃　　客館〔鴻臚館〕では争して容してくれないのだ　数日ですら扃からはいることを〔そうしてすぐさま出立をせきたてるのだ〕。
惜別何為遥入夜　　別を惜しんで何為して遥かに夜に入ったのだろうか。
縁嫌落涙被人聴　　涙を落とすおとを人に聴かれるのを嫌うことに縁ってなのだ。

「帰歟」は、故郷へ帰ろうと歌うこと。陶淵明「帰去来辞」は、「帰去来兮、田園将に蕪れなんとす」と詠む冒頭が著名だが、その序文に「及少日、眷然に帰与の情が有った」とある「帰与」（与と歟は同じく詠嘆の意）に基づく。「後紀」は次の一二年。渤海使は一二年に一度日本に来る決まりになっていた。「星」は木星で、一二年で天を一周するので歳星ともいう。歳星が一周して廻ると、渤海使はまた来日できるのである。「扃」は扉を閉ざす閂のこと。ここは、鴻臚館でもう少し別れを惜しみたいのに数日の出入りも許されないという。

　末尾がなかなかおもしろく、なぜ餞別の宴が夜中にまで及ぶのかといえば、夜になれば、涙を流す音がしても自分だとは知られないからだというのである。

多くの応酬を残して裴頲は去ったが、裴頲は道真の詩について「白氏の体を得ている」と評している（「余、近ごろ詩情怨一篇を叙し…（其二）」文草・巻二）。白居易風の詩だというのである。道真が白居易詩を愛吟したことは、のちに讃岐赴任に際して「白氏洛中集」一〇巻を持って行ったことでも知られる。後代、具平親王（九六四―一〇〇九）は、白居易作品を手本にしたために本朝の漢詩人は漢詩の体裁を過たなかったと記しているが（「高礼部の再び唐故白大保を夢みる作に和す」本朝麗藻・巻下）、そのように愛好され、手本とされた白居易の作品に比された道真の喜びはいかほどであったろうか。

3　批判と中傷――匿詩事件と藤原基経への接近

漢詩を批判される

渤海大使と詩のやり取りをした道真に対して批判が起きた。道真の詩は拙劣だというのである。それを予期していたためか、あるいは批判があったためか、道真は「鴻臚贈答詩序」で「殊に恐れるのは、他人でこの勒〔詩の応酬〕に預らなかった者が、見て笑い、聞いて嘲けることとだ」と述べている。

いったい何が問題だったのだろうか。先に紹介した渤海使送別宴での作は、遠く故郷へ戻る客使との別れを惜しみ、再会を期待しつつ涙に暮れる自分を詠んでいた。あたかも親しい友人との別れであるかのようである。おそらくはそれが問題となった。

渤海使は、日本側からすれば蕃客である。文化劣る国の使である。公的には、文化を慕って日本にやってくる使である。それが渤海使関係の作品に表れることは先に述べた。渤海国と日本との国家間の関係、蕃国と中華の関係を詠み込んでいたのである。道真詩のように個人的交情の関係でとらえるのではなく、国家間という意識がある。仮にでも官職を帯びて対応するのだから、蕃国使に対して交情をのみ詠み、中華と蕃国の関係として詠まなかったことが「外交の場で詩としてはふさわしくない」と批判されたのだ（「外交としての贈答詩」）。

道真がこのように批判に敏感であったのは、これ以前に、中傷に曝されていたという事情もある。

匿詩事件

その中傷とは、ある匿名の詩の作者に道真が擬せられたことである。

元慶六年（八八二）夏、匿名の漢詩があり、藤納言を誹った。納言は、その詩が非凡なのを見て、文章博士である道真作かと疑ったのである。藤納言とは、藤原冬緒とするのが通説である。冬緒は当時、正三位大納言兼民部卿で、道真民部少輔時代の同僚でもあった。道真は「思う所有り」（文草・巻二）という七言三六句の長詩を作り、無実を訴えた。

さらに、道真が匿詩事件と鴻臚贈答詩の非難について応えたのが、「詩情怨」（同巻二）である。七言二〇句の長詩である。

去歳世驚作詩巧　　去歳世は驚いた　詩を作ることが巧みだったことを。
今年人謗作詩拙　　今年人は謗る　詩を作ることが拙かったことを。
鴻臚館裏失驪珠　　鴻臚館の裏では驪〔が持つ高価〕の珠を失う〔かのようにすぐれた詩を詠み損ね〕、
卿相門前歌白雪　　卿相の門前では〔美しくすばらしい〕白雪〔の曲〕を歌った。
非顕名賤匿名貴　　名を顕した〔詩〕が賤しく、名を匿した〔詩〕が貴いのではない。
非先作優後作劣　　先に作ったのが優れて後に作ったのが劣っているのではない。
………
悪我偏謂之儒翰　　我を悪んで偏ら儒翰と謂う。
去歳世驚自然絶　　去歳の世の驚きは自然と絶えた。
呵我終為実落書　　我を呵めて〔あの匿詩を〕終に実の〔私が書いた〕落書とした。
今年人謗非真説　　ならば今年人が〔私の鴻臚贈答詩を〕謗るのは真説ではない。

匿詩はその出来映えから道真の作かと疑われ、公務として道真が詠んだ鴻臚贈答詩は、出来損ないだと非難されているという。

中略部分には、藤納言匿詩の作者であるという疑い、鴻臚贈答詩への非難などの汚名が広がっていく様を描写しつつ、これが汚名であることは、天も人も知っているはずだと詠む。引用の後半では、人々は自分を憎んで「儒翰と謂う」と詠んでいる。この「儒翰」は、儒者でありながら詩文を重視している者をいう（「翰」は筆、文章の意）。先に見た「詩人無用」論に列（つら）なる批判であろう。儒者でありながら、政治や実務に関係ない詩文を詠む者として、人々から道真は「悪（にく）」まれているというのであろう。しかし道真は「詩に因（よ）って与（か）疑わしい罪に居る雖（けれど）も、〔詩を〕言う者は何為（どう）して詩を用いないことがあろうか」（「思う所有り」）と、「詩」によって疑いを招いても、「詩」によって汚名を雪（そそ）ぐしかないのである。

詩の末尾は、昨年の匿詩も今年になると、その驚きは消え、自分の無実は晴らされず、ついに事実と認められてしまった。ならば、今年、人が謗ることだって、真実ではないだろう、と逆説的に自分の詩に対する非難に対抗するのである。

道真は匿詩作者と疑われ、公務であり日本の体面のためにも重要な渤海使との贈答詩を非難されたのだ。道真からすれば、それは事実ではなく中傷であった。

藤原基経との関係

道真は、式部少輔、文章博士と菅家の学統を継承する官職に就き、儒家のトップであり、その弟子を多く紀伝道に合格させながら、あるいはそのために誹謗中傷に囲まれていた。これに対峙するために、詩を詠み続けていたのだが、もちろんそれだけで解決できないことは道真自身もわかっていた。

道真は、当時の第一人者、太政大臣藤原基経に助けを求める。藤原基経が若い道真に文章の代作を依頼していたことは先に述べた。それほどに道真の学才を評価していたのである。「詩情怨」が詠まれるより前だが、すでに中傷誹謗に曝されていた道真は、藤原基経の「客亭」を訪ね、その庭にある池に鴎(かもめ)が戯(たわむ)れているのを見て心を動かし、「浮沈」する鴎に自分を重ねて、我が身の不安定さを基経に訴えた(文草・巻二)。

中傷誹謗に曝されているのは、その才が妬(ねた)まれていることもあろう。紀伝道出身者としては出世が早い道真は、その面での嫉(そね)みもあろう。そうした情況下、藤原基経に助けを求めるのである。

藤原基経がどのように対応したかは明らかにできない。この後に道真は「詩情怨」を詠んでいるのだから、すぐさま嫉妬中傷が収まってはいないのだろう。しかし、道真がもっとも頼れるのは、基経であったのだ。

息子の死

誹謗中傷に囲まれ、藤原基経に助けを求めていた道真だが、この頃、私生活で悲劇があった。父を亡くした三年後の元慶七年(八八三)、七歳になったばかりの息子、阿満(あまん)が死んだのである。

道真はその阿満を夢に見て、先に触れた「阿満を夢みる」（文草・巻二）という七言二八句の長詩を作っている。そこには息子を失った道真の悲痛な心情が描かれている。

阿満を失って眠れなかった道真は、たまたま阿満を夢に見、涙を「漣漣」流した。去年ようやく身長は「三尺余」で、今春七歳になったばかり。学問にいそしみ、唐の駱賓王「帝京篇」を諳誦していた。ところが病に罹り、薬が痛みを和らげたことわずかに一〇日で、風が阿満の魂を導いて「九泉」の世界へと連れて行ってしまった。道真は神も仏も怨んだ。しかも阿満に引き続いて弟も夭逝した。息子たちを亡くした道真はもちろん、妹も母も悲しむ。妹が兄の名を呼んで探すのにどうして堪えられようか。母が命をすり減らすかのように歎いており、悲しみが募り堪えきれない。

周囲には、阿満の痕跡が様々に残る。将来の飛躍を願った祝い物の弓矢、阿満が遊んだ竹馬、そして、壁には阿満が書いては訂正した字の跡が残る。「〔阿満の〕言り笑うことを思す毎にまるで〔生きて〕そこに在るかの如くだ雖ども、〔阿満の常の〕起居を見たいと希んでも惣べては惘然としている」。

本作は、阿満が極楽浄土に生まれ変わることを祈って終わるのだが、子を亡くした親の悲しみを細やかに詠んだ作である。

道真の子どもたちについて触れておこう。系図（目次裏）にあげた通り、『尊卑分脈』に記されない子息として、『菅家文草』に見える「阿満」とその弟、さらに「阿視」、大宰府で夭逝した、幼名「童子」（菅家後集）がいる。「阿視」は、道真の嫡男、高視の幼名とされているが、別人と考えるべきであろう（「菅原道真の子息をめぐる二、三の問題」）。

道真は、作品のなかで「阿満」「阿視」と「阿〇」の形で、幼い息子を呼んでいるが、この「阿」は、人（多くは幼児）を親しんで呼ぶ際に付す漢語で、漢詩にこの言葉を用いるのは白居易が好んだ。娘「阿羅」、甥「阿亀」、生まれたばかりの子ども「阿崔」、さらには親友元稹の子ども「阿衛」をその作品に詠み込んでいる。道真が子息を「阿満」「阿視」と呼び作品に詠むのも白居易に学んだのであろう。

なお道真の幼名とされる「阿呼」は、「私の子」を意味する和語「あこ」を漢字表記したもので、「阿」は、「阿満」らの「阿」とは異なり、和語「あ」の漢字表記である。

道真の子息のなかで、紀伝道で学び学統を嗣いだのは、嫡子高視と庶子淳茂である。庶子淳茂は文章博士になっている。高視母は島田宣来子と考えられるが、淳茂母は未詳である。

陽成朝の道真

陽成朝元慶年間（八七七―八八五）は、道真にとって公私ともに多忙を極めつつ誹謗中傷に囲まれた不安定な時期であった。

元慶元年、式部少輔、文章博士を兼任した喜びから始まるものの、博士就任とともに誹謗

2-1　元慶３年の菅原道真の動向

月　日	概　要	出　典
正月７日	従五位上	日本三代実録
２月17日	清和上皇が封戸（朝廷から与えられた課戸で、その戸から徴収される租の半額、庸・調の全額が支給される）1000戸を返却したいと願ったのに対し、陽成天皇が2000戸を宛てたいと応える表を代作	文草巻10
２月26日	上記の陽成天皇の表に、清和上皇が、自分の御封を半分にしたいと応える表を代作	文草巻８
３月24日	清和上皇が清和院で法会を開いた際の願文を代作	文草巻11
３月25日	陽成天皇の曽祖父仁明天皇の妹であり淳和天皇の皇后であった、太皇大后正子内親王の死去に関連して、陽成天皇が正子内親王のために喪に服すべきか否かを定める議文を提出	文草巻７
５月	陽成天皇の勅により、元慶寺（貞観10年に陽成天皇誕生に当たって、遍照が発願し創建）の鐘銘を執筆	文草巻７
８月19日	斎宮行禊の前次第司長官となる。９月９日に斎宮識子内親王（清和天皇の皇女）が葛野川で禊事を行うのに伴う任官	日本三代実録
10月８日	貞観18年４月10日に焼亡した大極殿が再建され祝賀の宴。道真賦詩。紀長谷雄「延喜以後詩序」（本朝文粋巻８）によれば、このときの紀長谷雄の詩を道真が褒め、以来しばしば詩の唱和を行うようになる。紀長谷雄との交流の始まり	文草巻２、日本三代実録

11月	前任の文章博士巨勢文雄の後を嗣いで、紀伝道で『後漢書』を講じる	紀長谷雄「後漢書竟宴各詠史得龐公」（本朝文粋巻９）
11月１日	朔旦冬至（11月１日に冬至を迎えること。瑞祥とされる）に際し、公卿が天皇を祝う文章を代作	文章巻10
同日	上記の朔旦冬至の表に陽成天皇が応える勅を代作	文章巻８
11月13日	『日本文徳天皇実録』が奉進。序文を道真執筆。本来是善に依頼されたが、是善の命で道真が執筆	文草巻７
11月20日	紀長谷雄を文章得業生に推薦する牒を執筆	文草巻10

され、頼りとすべき父は元慶四年に没。同六年には匿詩事件、翌七年は鴻臚贈答詩を非難されている。そして同年、七歳の息子を亡くす。苦しいことだけではなく、元慶八年には弟子一〇人が文章生試に合格するという、菅家廊下として祝うべき慶事もあった。

もちろんこの間、官僚としての公務も果たしているし、多くの代作も行っている。

例えば、元慶三年（八七九）を見てみよう。表２―１の通りである。

もちろんこれ以外に詩作も行っている。

これらのうち、『後漢書』講書や紀長谷雄の推薦状は、文章博士としての通常業務といえる。道真は式部少輔も兼任しており、少輔としての業務もあったろう。さらに、前記のような文章の代作、詩作などを行っていた。清和上皇・陽成天皇親子に関わる代作が目立つ。道真の学才のゆえもあろうが、内記の職にないにもかかわらず、陽成天皇のための詔勅を執筆しているのは、陽成との近しさを感得すべきなのかもしれない。だが、この頃陽成天皇は一二歳である。摂政藤原基経の意向があろうか。基経と道真の関係はすでに述べた通りである。

陽成の退位、光孝の即位

陽成朝（八七六―八八四）は、先述したように道真が公私多忙ながら儒者の頂点として過ごした時代になる。その陽成天皇が突然退位した。元慶八年（八八四）二月四日である。国史には、同日、陽成が綾綺殿から二条院に遷幸し、時康親王に位を譲ったとある。これ以前に陽成天皇が太政大臣藤原基経へ送った書簡、また陽成天皇の詔書によれば、病気のために社稷（国家）を守ることができないことが理由とされている。

時康親王は陽成天皇の祖父文徳天皇の弟である。一七歳という若い陽成の突然の退位と、五五歳と、当時としては極めて高齢の時康が即位する間の事情については様々な議論がなされているが定説に至っていない。が、陽成天皇が宮中で乳母子の源益を殴り殺したことを契機と考えることは共通認識であろう（「光孝朝の成立と承和の変」）。また、時康親王の即位に藤原基経が深く関与していたことも通説とされている。

太政大臣職掌問題

即位した時康（光孝天皇）は、五月九日、太政大臣の職掌について七組八名に諮問した。この七組は、道真を含めた紀伝道出身者が三組三名、明経道出身者が二組三名、明法道出身者が二組二名である。

陽成朝に摂政として政権を運営していた藤原基経が、光孝天皇の即位によって摂政を離れざるを得なくなり、太政大臣のみの職を帯びることとなった事情が背景にある。光孝天皇としては基経に政権を運営して欲しいのだが、摂政の職を離れ太政大臣の官のみを帯びる藤原基経にそれが可能かという問題である。

そもそも太政大臣は、『養老令』（職員）でも、「一人（天子）の師範であって、四海（世界の民）の手本である」とされ、『養老令』の注釈である『令義解』でも、「分掌の職なし」、つまり太政大臣個別の職掌がないと注されており、具体的な職掌が定められていない。陽成朝で摂政として天皇に代わって万機を掌ったように、光孝朝で政界を牽引し、政権を担うことが可能なのかという疑義が生じるのである。光孝天皇が幼帝ではないだけに問題になる。

このときの諮問に応えた内容は、五組六名分が国史に残されている。日本の『養老令』およびその注釈書はもとより、中国の経書、史書なども引用され煩雑な考証が行われている。ここでは道真の答申を簡単に見てみよう（文草・巻七）。道真の議論は、太政大臣に職掌はないと明確に論断したものだと先行研究で評価されている（坂本太郎『菅原道真』他）。しかし単純にそうはいえない。

道真は、太政大臣の職掌について、前述の『令義解』をあげて、分掌がないのは疑いがないと結論する。そのうえで太政大臣が唐の官職で何に当たるかを検証する(この点も諮問があった)。『漢書』『後漢書』などの史書を引用し、相国(宰相)・太傅・丞相など百官の筆頭の官をあげ、それらが「天子を助ける」「善導を掌り、職を掌ることはない」などと説明されることから、日本の太政大臣は漢や後漢などの相国などに当たるといったん結論づける。そして、唐では職掌がなく則闕の官(適当な人がいなければ欠員にする官)であるという共通性から、太政大臣は三師(天子を教え導く官職で太師・太傅・太保)に相当すると指摘する。

これで諮問に応えたことになるが、道真は論を終わらせず、最後に附言する。「我が国の『養老令』は唐の『令』と異なっており、三師は、尚書省(皇帝の下の行政機関)という役所の所属員には入っていないが、太政大臣は太政官に属しており、独立していない。その点は三師とは異なる」という。

つまり道真は、太政大臣に職掌はないと断言しながら、しかし太政官に属した官で、相国などと同様、百官の筆頭に位置づけられると結論づけているのである。職掌はないと断言しながらこのような論理展開を行うのは、そのような立場で政務に与ることができると主張したいからではないだろうか。日本の『養老令』では太政大臣には分掌がないと断言しながら、左大臣、右大臣、大納言などと同様に太政官に所属しており、その筆頭である以上は政務に与れるというのである。

このときの他の学者の議論を見ても、全体的に、太政大臣には職掌はないのだが——『養老令』にも『令義解』にも明言されているから当然ではあるが——、そのように明確に論断するのではなく、職掌はないけれども、政治を執行することはできるという方向で結論を出そうとしている（「菅野惟肖考」）。

これらの意見を受けて、六月五日に光孝天皇は宣命を下した。「太政大臣は内外の政すべてを統べる職事官であるとまでは言えても、具体的な職務内容が必ずしも明確でなく、また『令集解』のように相対的に上位の大臣にすぎないという解釈も可能なので、更めて、関白詔を出すことによって、朕（光孝天皇）にとっての基経の職務を定めたのである」（「関白の成立過程」）。宣命では「今日以後、官庁にあって万の政を担当し、天皇に奏上すべきこと、天皇から下すべきことなど、最初に基経に諮れ」と具体的に記されている。光孝天皇としては、諮問を行って太政大臣の職掌を導きたかったのであろうが、明確に結論づけることができなかったのである。

道真たちの、職掌はないけれども太政官の筆頭として政務を領導できるというような方向の議論は、光孝天皇の意図に添う結論を出そうとした結果であろう。

光孝朝の道真

光孝天皇が即位した元慶八年（八八四）は、藤原基経の立場に関する問題は生じたものの、道真が中傷されるような事態は見られない。前年、道真は基経に救いを求めていたが、その甲斐（かい）があったのだろうか。

ただ、翌仁和元年（八八五）夏の作品に、「夏日四絶」という四首の絶句がある（文草・巻二）。それを見ると、道真はまだ不安定であったようだ。例えば「蟬（せみ）を聞く」詩に「〔散りそうな〕危うい葉に身を寄せてその露で生を養っている」と詠む。自分を蟬に重ねて、我が身の不安定さを表現しているのだろう。「苦熱」詩の冒頭では、灼熱（しゃくねつ）のように熱い夏を詠み、「況（ま）して世を行く路（みち）が甚だ崎嶇（けわしい）のだから〔なおさらつらい〕」という。今の世の生きがたさが表現されているのだろう。だから、山にでも入っていこうと思うが「家児（こども）」が許してくれないという。

仁和元年春に基経邸で行われた『世説新語（せせつしんご）』講書に参加し（「相府の文亭に始めて世説新書を読む…」同巻二）、冬には平正範（たいらのまさのり）の依頼によって、基経の五〇歳を祝う宴に合わせて屏風（びょうぶ）詩五首を詠んでいる（「右親衛平将軍、廐亭（きゅうてい）の諸僕を率（ひき）いて相国の五十年を賀し奉る…」同巻二）。光孝朝でも、政権を担う基経と近しい関係にあった道真ではあるが、我が身の不安定さは感じていたのである。

第3章　讃岐守時代——国司の政務と詩人意識

1　讃岐守に任ず——地方官任命は左遷か

藤原時平の元服

仁和二年（八八六）の年が明け、道真は四二歳となった。正月二日、藤原基経の長男時平が元服した。宮中の仁寿殿でその儀が行われた。藤原時平は一六歳。光孝天皇自らが冠を加えた。時平は正五位下に叙されたが、その告身文（辞令書）は光孝天皇が清書したという。元服に使用された冠巾は天皇の衣服で、藤原時平への特別待遇がうかがわれるが、おそらく、ほぼ一〇〇年前の藤原緒嗣の元服を先例としている。桓武天皇は殿上で緒嗣に冠を加えた。頭巾は桓武天皇の下賜品であった。このとき桓武は、藤原百川の言葉を忘れないと緒嗣に告げている。緒嗣の父藤原百川は桓武天皇の即位に功績があった。光孝天皇にとってみれば、藤原基経がそれである。この元服は、桓武天皇と光孝天皇、その即位に深く関わった藤原百川と藤原基経を重ねているのである。

元服時の告身文を清書したのは光孝天皇だが、文章そのものは当時、参議兼右大弁・文章博士であった橘広相の作になる(本朝文粋・巻二)。通常、告身文を執筆するのは、内記の仕事である。それにもかかわらず橘広相が作っている。広相は、光孝天皇即位とともに急速に昇進しており、光孝天皇の側近と見られる。告身文を執筆したのは、そのゆえだと考えられるが、それだけではなく、橘広相は藤原基経とも近しい関係にあった(「橘広相考三」)。

讃岐守へ――不本意な任官

正月一六日、道真は、文章博士、式部少輔、加賀権守を解かれ、讃岐守に任じられた。文章博士、式部少輔という、道真が継承した儒官を解かれての讃岐(香川県)赴任である。このため、讃岐守任官を左遷と考える向きもある。道真自身も「更に炻しくおもう他人が左遷であると道うことを」(「北堂餞宴…」文草・巻三)と考えている。

早く一九六〇年代に、この時期の人事について、「文人派」官僚の退潮と、摂関家の藤原基経に近い大蔵善行学閥の進出と菅家学閥の分裂を想定した分析があった(「仁和二年の内宴」)。たしかに、紀伝道出身者を中心とした「文人派」の退潮はあるが、それぞれに事情があり一様ではない。大蔵善行閥の存在については疑問視されているし(「大蔵善行七十賀詩宴について」)、菅家閥である藤原佐世は道真の後任として式部少輔に任じられる。そもそも、道真の任讃岐守を左遷ではないとする見解もある。

　道真は、他人に左遷といわれるのではないかと思っていたが、その詩のなかで「倩と憶うが分憂は祖業ではない」という。「分憂」とは、天子と憂いを分かつ意で、地方官になること。「祖業」は先祖代々の業績。つまり、道真は、地方官となるのは菅家の業ではないと考えていた。しかし、学問の家としての菅家の祖と位置づけられる祖父清公は、尾張介として任地に赴任し、しかも、「刑罰を用いず、劉寛の治を施した」として評価されていた（序章）。道真は、地方官に任じられながら、祖父の事績に言及していない。

　そもそも、紀伝道出身者は地方官として治績をあげることが期待されていた。『続日本紀』以降の国史には、五位以上官人が没した際に伝記が掲げられるが（薨卒伝と呼ばれる）、そこには、地方官として善政を行ったと評価される人物の伝記も含まれる。そうした良吏のかなりの割合が、紀伝道出身者なのである（「菅原道真における〈祖業〉」）。紀伝道では、儒学を学び官僚として務める基礎を獲得するのだが、それは中央官僚としてはもちろん、地方官として務める際にも必要な教養である。

　例えば、長岑高名は二一歳で文章生となり、弘仁一二年（八二一）に式部少録となって官僚世界に入り、様々な官職に就くが、承和六年（八三九）一〇月に伊勢権介として赴任すると、行う所の政事が頗る民の望に適い、以後、中央の官職に就きつつ地方官を歴任した。伊勢守の任にあること六年、能吏としての名声があった、と評された。山城守時代には、政事に「厳明」（厳しく公正にすること）を用い、そのおかげで「百姓」が乱れなかったという。

　この他にも良吏とされた紀伝道出身者は多いが、国史の編纂は紀伝道が中心として行うものであり、薨卒伝の記述であるため、必ずしも事実を反映しておらず、多分に脚色が含まれる可能性もある。しかし、いずれにせよ、こうした良吏が薨卒伝に描かれることは、紀伝道出身者の理想化された姿の一面であり、紀伝道出身者は地方官として良吏であることが望まれたと推測される。

　したがって、道真が地方官に任じられること自体は不審ではない。が、道真のように文章博士を経て地方官となる例は少ない。

　道真の祖父清公は文章博士を務め、数官を経て弾正大弼となった後、播磨権守に任じられて赴いたものの、「左遷に異ならない」と当時の人々が憂えた」ため、公卿が「国家の元老は、遠離は相応しくない」と議奏して、再び文章博士となった。父是善は二〇年余り文章博士を務め、その間、越後介、讃岐権介、伊勢守、加賀権守などに任じられたが、すべて兼官で、赴任したことはなかった。

　こうした祖父、父の情況からすれば、文章博士を解かれての赴任は不満であったろう。同門で兄弟子にあたる安倍興行は、地方官としての能力のためか、立て続けに国司を歴任したが、それについて道真に不満を訴えている。ずっと地方官にいるばかりに、中央に残った同輩に後れを取ってしまうのではないかと歎くのである（「近日、野州安別駕、一絶を製して諸同志に寄す…」文草・巻二）。紀伝道出身者にすぐれた地方官が期待されていたとしても、またその能力があったとしても、地方官になることに不満を持つ場合はあった。

祖父清公が引き留められたこと、父是善が都にいたままの遥任であったこと、そして文章博士からの離任などが、左遷といわれるのではという心情を、道真に生じさせたのであろう。

送別の宴

道真が讃岐守に任じられた直後の正月二一日、仁寿殿で内宴が開かれた。道真は讃岐へ向かう準備をしていたが、召された。このようなことは例があるとはいえ、天子の格別の恩であると述べている（「予、外吏と為りて…」文草・巻三）。

この内宴では、「宮妓が柳花怨の曲を奏するのを聴く」という題で詩が献じられることになった。詩を作る間、公卿が文人（献詩者）に盃を回すことになり、道真には太政大臣藤原基経がその役に当たった。当然、盃を断るわけにはいかない。基経は道真の前に立って去らず、たちまちに「明朝風景属何人」という詩句を朗々と吟じ、道真にも唱和を求めた。しかし、道真は心が乱れわずかに一声を発したのみで、涙を流し嗚咽するばかりであった。

藤原基経が吟じた詩句は、白居易の「元奉礼同宿が贈られたのに答える」（白氏文集・巻一四）の一句である。この詩は、白居易が宮中に宿直した際、同宿した元奉礼から送られた詩に答えた作で、翌日の多忙を念頭に置いて「明日の〔すばらしき〕風景は何人のものだろうか〔我々のものではあるまい〕」と詠んだのに対し、基経は、讃岐に向かう道真に向かって「明日の〔讃岐のすばらしい〕風景は何人のものだろうか〔もちろんあなたのものだ〕」と讃岐行きを慰め餞別したと考えられる（「平安朝文人と『白氏文集』」）。藤原基経が白居易の詩句を吟じたのは、基経自身がそれだけ白居易の作品に親しんでいたことを示し、その事実も興味深い。

この内宴の場で道真は、「柳花怨の曲」を舞う「宮妓」の姿を美しく描き、最後に以下のように讃岐に赴く歎きを詠んでいる（同巻三）。

余韻縦在微臣聴　〔柳花怨の〕余韻が縦え微臣の聴に在ったとしても、
最歎孤行海上沙　最も歎かわしいのは孤り〔讃岐の〕海の上の沙を行くことだ。

通常、こうした応制詩は、主催者たる天皇を誉め称えるのだが、この作は一見個人的な悲嘆を詠んでおり、めずらしい。しかし、内宴で奏される柳花怨が耳に残り、そのために讃岐に行くことが歎かわしい、それほどにこの柳花怨はすばらしいのだ、という逆説的な賛美になっている。都を、そして詩臣としての活躍の場である宮廷詩宴を離れる悲しみと、天皇賛美を重ね合わせた表現といえる。

この内宴で藤原基経は道真に慰めの言葉をかけたが、自邸で讃岐赴任の送別宴も開いている（「相国東閤の餞席」同巻三）。その席で道真は「吏〔国司〕と為っても儒と為っても国家に報いよう」と詠んだが、大学寮で開かれた送別宴では、前述のように、「更に妬しくおもう他人が左遷であると道うことを」と歎いている。

道真の後任——娘婿藤原佐世

藤原基経は道真に慰めの言葉をかけ、送別宴も開いているが、しかし、道真が辞めた式部少輔の後任には、基経の家司（基経家の家政機関の職員）とされる藤原佐世（八四七—八九七）が就いている。佐世は道真より二歳年下、藤原氏儒士の始めとされ、藤原基経の侍読であった。学問を重視していた基経にとって、重用すべき人物であったといえる。

藤原基経は、儒者としての道真を高く評価し、慰めの言葉をかけても、道真の任讃岐守を止めようとしなかったようだ。そのうえ、道真の後任ポストを藤原佐世に与えたのである。

藤原佐世は、前述の内宴で基経が道真に声をかけたとき、横に座って一部始終を見ていた。道真はその佐世に詩を送っているが、そもそも、佐世は父菅原是善門下で道真と同門であり、道真の娘を妻としていた。学統でも姻戚でも昵懇であった。その佐世も道真の送別宴を開き、「贈るに言を以てす」という題で、一同は詩を詠んだ（文草・巻三）。

先述したように文章博士の定員は二名だが、道真の後任が決まるのは翌年の仁和三年（八八七）で、それまでは橘広相が一人で務めていた。元慶八年（八八四）に、一人で文章博士を務めていた道真が、さすがに堪えがたかったのか、欠員を埋める願いを出し（「文章博士一員の闕を補され共に雑務を済わんことを請う状」同巻九）、その結果、橘広相が文章博士に任じられていた。広相も是善門下であり、道真の兄弟子でもあるが、藤原基経とも近しく、光孝天皇の側近であった。藤原基経は、道真を文章博士・式部少輔から外し、身近にいた儒家に、その後を任せたのである。

讃岐へ

道真が都を出発した時期は明らかではない。国司赴任の準備期間については、讃岐は国の等級では中国にあたり、三〇日が与えられる（延喜交替式）。正月一六日任官なので、二月中旬には出発したか。

讃岐へ向かう途中で春を送り、「中途に春を送る」（文草・巻三）という詩を詠む。冒頭に「春は〔私という〕客の行を送り　客は春を送る。懐を傷める　四十二年の人は」と、春が終わるのを、旅人である自分が春という旅人を送り、春が自分という旅人を見送るのだという。そして、その自分は心を痛めているのだが、もちろん都を離れるからである。

讃岐への途上、文章生の中氏（元慶八年に及第した「中義」か）に遇い、春の文章生試

で受験した「二三子」について尋ねている（「途中、中進士に遇い…」同巻三）。道真の弟子も受験したのであろう、気になるのである。

2　国司として——職務への不満と精勤

讃岐到着

三月二六日、道真は讃岐へ到着した。讃岐守道真の同僚は以下の通りである。

守（かみ）	道真	仁和二年正月一六日任
権守（ごんのかみ）	平（たいらの）正範（まさのり）	仁和二年正月一六日任
	藤原時平	仁和五年正月一六日任
介（すけ）	藤原高藤（たかふじ）	元慶八年三月九日任
	源湛	仁和五年正月一六日任
権介（ごんのすけ）	高階（たかしなの）忠岑（ただみね）	仁和二年二月二一日任
掾（じょう）	藤原某	
権掾（ごんのじょう）	中原（なかはらの）月雄（つきお）	仁和二年六月一九日任
権大掾（ごんのたいじょう）	藤原清貫（きよつら）	仁和四年二月一〇日任

目　倉主簿

権守など権官が多い。権官は、正官（守、介など）と同じ俸給が支給され同じ業務に携わる。元来は繁忙な職務を処理するためにあったが、俸給のみを支給する特別待遇的な傾向もあった。讃岐国司の多くも同様で都にとどまっている。

権守平正範は桓武平氏高棟の息男であり、道真との交流が見られる。正範の別荘（鴨川の西）で詩を詠んだり（「山家晩秋」文草・巻二）、囲碁で対決したり（「去冬、平右軍の池亭に過り、…」同巻二）、讃岐に向かう前年、仁和元年九月二六日には、その別荘で二〇首を詠んでいる（「晩秋二十詠」同巻二）。かなりの親しさを感じさせる。また、平正範は藤原基経の五〇歳を祝う宴の屏風を作る際、道真に屏風詩を依頼しており、基経とも関係があった。

平正範は、道真と同日に権守に任じられるが、同年二月二一日に木工頭を兼ね、六月一九日には右近衛中将を兼任していることから、讃岐へは赴任しなかった。藤原時平も権守に任じられているが、右近衛権中将、蔵人頭を兼任しており、これも赴任しなかった。

守に次ぐ次官、介の藤原高藤は、道真よりも以前に任じられたが、左近衛少将との兼任であって赴任しなかった。後任に源堪が任じられるが、左近衛少将兼任で、これも赴任しなかった。つまり道真在任中、道真を補佐すべき介は在国していなかった。

道真在任中の讃岐国司は、守道真の下、介は赴任せず、掾や目がいるばかりだった。讃岐の国政に対する道真の責任は重いといわざるを得ない。なお、掾の藤原某、目の倉主簿は道真の作品で確認できる人物である。

地方官として赴任する際に親族を帯同する場合もある。『更級日記』の作者が、父菅原孝標の上総赴任に同道し、物語を渇望していたことは著名であろう。また、『土佐日記』には、土佐守紀貫之と妻が描かれている。しかし道真は妻子を都に残していったようで、都の子どもや、家からの手紙を詠じた作がある（「子を言う」、「家書を読みて歎く所有り」同巻四）。

守としての業務

讃岐に到着した道真は、四月七日初めて国府を巡視した（「丙午の歳…」文草・巻四）。国司の業務として、年に一度春に国を巡行するが、四月という夏でもあり、赴任直後にひとまず国府や付近を巡ってみた程度だと考えられる。このときは国府の北にある蓮池について、ある長老から話を聞いた。

讃岐国府は阿野郡にある。香川県坂出市に当たる。

国司の業務は、『養老令』（職員）によれば、管内の祠社、戸口、簿帳、百姓を養い、農業と養蚕、農桑を勧め課し、所管の罪状を明らかにし、貢挙（官人候補者の推挙）・孝義（孝行と節義）・田宅・良賤（良民と賤民の別）・訴訟・租調・倉廩（官倉の管理）・徭役・兵士・器仗（兵器と儀仗）・鼓吹・郵駅・伝馬・烽候（のろしの見張り）・城牧、公私の馬牛、闌遺（遺失）の雑物および寺・僧尼の名籍を掌る。国の政務を統括し、行政・司法・警察などの役割を果たすのである。

望京――赴任への不満

赴任初年度、三〇日ほど雨が降らなかったが、金光明寺で行われた仁王百講会（百の高座を設けて僧百人に『仁王経』を講じさせる法会）のおかげか雨が降った。道真はそれを祝して詩を詠んでいる（「金光明寺百講会に感有り」文草・巻三）。

秋に入り、道真は二毛（白髪）を発見した。晋の潘岳は三二歳で二毛を見たというが（潘岳「秋興賦」）、自分は潘岳より一〇年老いて見た。なぜ初めて見る羽目になったかといえば、「海壖」（海の畔）に臥すためだという（「始めて二毛を見る」同巻三）。「海壖」とは讃岐を指し、讃岐での愁いが二毛を生じさせたと考えているのである。

九月九日、宮中では重陽宴が行われる日である。この日、道真は国府で小さな酒宴を開いた。そのときに詠んだ詩が残る（「重陽日府衙小飲」同巻三）。秋になっても旅先にあるかのような思い（「客思」）が入り乱れ、重陽になると一層その思いは募る、という心情の表現から始まるが、詩の後半は以下の通りである。

停盃且論輸租法　　盃を停めて且く論ずるのだ 輸租の法を。

走筆唯書弁訴文　　筆を走らせて唯だ書くのだ弁訴の文を。
十八登科初侍宴　　十八で〔文章生試に〕登科〔合格〕して初めて宴に侍った。
今年独対海辺雲　　しかし今年は独り海辺の雲に対うだけだ。

「輪租」とは、徴税のこと。「弁訴」とは、訴訟を処理すること。先にあげた国守の職務にも見えた。

重陽宴では菊酒を飲み詩を詠むのだが、讃岐では国司としての業務を議論し書類を執筆する。讃岐守として業務に邁進するかのような姿だが、この詩の冒頭は、地方に来て「客思」入り乱れる心情を描いており、本来なら宮廷詩宴で菊酒を飲み漢詩を詠むはずが、それができない。重陽の日であるだけに、都での詩宴が想起され、守という立場への愁いが表出する。

翌年正月二〇日にも漢詩を詠んでいるが（「正月二十日感有り」同巻三）、題辞に「禁中内宴の日である」と自注を付しているのも、先の作同様、宮廷詩宴を想起してである。

このように讃岐で宮廷詩宴や宮中行事を想起する作は、讃岐赴任後半にも見える。「九日偶吟」（同巻四）では、以下のように詠む。

客中三見菊花開　　客の中三たび菊花が開くのを見るが、
只有重陽毎度来　　只重陽の日が度毎来ることが有る。

今日低頭思昔日
紫宸殿下賜恩盃

今日頭を低れて昔日を思う。
紫宸殿下で恩盃を賜ったことを。

讃岐に赴任して三年が経ち三度目の重陽の日を迎えた、それでも昔日、重陽宴に参加したこと、重陽宴が開かれる紫宸殿で天皇から盃を賜ったことを思い出すのである。

さらに「正月十六日宮妓の踏歌を憶う」（同巻四）は、宮中での「踏歌」（足を踏みならして歌う舞踏）を思う詩だが、その末尾に「佳辰公宴の日に属る毎に、空空しく客衣の襟を〔涙で〕湿して損うのだ」と、都の天皇主催の宴を思い出すたびに涙を落とすのである。讃岐守としての自分を「客」と、あくまで旅先にいると表現しているのも、道真の心情を表していよう。道真は讃岐守在任中、都を、そこでの行事、特に宮廷詩宴を思い出す旅人として自分を描いていた。

巨勢文雄の漢詩

話を一年目の秋に戻す。

この頃、都から来た人が、漢詩（絶句）を伝えてくれた。越前守として赴任している巨勢文雄の「秋の夜に菅讃州〔讃岐守菅原道真〕を夢みる」という詩であった。道真はこれを写した後、一首を詠み悲しみを慰めた（「近曽京城より州に至る者…」文草・巻三）。

巨勢文雄は道真の前任の文章博士で、もと味酒氏。卑氏族の出身だったが、紀伝道で学び、対策に及第し、実務にすぐれた儒家官僚として大内記、文章博士、弁官を歴任した。しかし、右中弁・大学頭であった元慶八年（八八四）にすべての官を解かれ、越前守に任じられ赴いたのである。文雄の任越前守も左遷であると推測する向きもあるが、不明である。

六一歳という老齢での赴任は堪えたであろう。残念なことに巨勢文雄の作品はほとんど残らず、この時期の心情を探ることは不可能に近い。しかし、夢に道真を見たという詩を詠んだこと、それに道真が応えたことは、二人の親しさを表すとともに、巨勢文雄が地方赴任について道真と同じような不平を抱いていたことを示そう。

巨勢文雄は菅家廊下出身ではなく、大江音人の弟子である。音人は、序章で触れたように道真の父菅原是善のライバルと目される人物で、その弟子である巨勢文雄と、道真は深い親交があったのである。

寒早十首――国守の立場から民を描く

讃岐赴任に不満を持っていた道真だが、この年冬に詠んだ「寒早十首」（文草・巻二）の連作は、国守の立場から讃岐の州民を描いている。

本作は、法制史学者の瀧川政次郎が、「寒気の来るのをいち早く感ずる」「貧窮人の患苦が綿々と述べられ」「人民が課役の重圧にあえいでいる」ことを詠んでいる「文学史上の重要史料であるのみならず、また法制史上の重要史料でもある」と評した作品でもある。

すべての詩の韻字に「人・身・貧・頻」の四字を用いている。四字は「人の身は貧しきこと頻である」の意で、これを韻字とした五言律詩の一〇首連作である。

一〇首で取り上げられるのは、「走還人」（租税の負担から逃れるため戸籍の地から離れたけれども悔いて帰ってきた人）「浪来人」（税から逃れるために浮浪逃散した人）「老鰥人」（妻を失った老人）「夙孤人」（孤児）「薬圃人」（薬園で諸々の薬を学ぶ人）「駅亭人」（駅伝輸送の労働に従事する人）「賃船人」（船に雇われて働く人）「釣魚人」「売塩人」「採樵人」（きこり）と、まさしく「課役にあえ」ぐ「人民」を詠んでいる。

「寒早」とは、寒気が早く来ること。詩の第一句目はすべて「何人に寒気が早いのだ」という問いで、それに「寒は早い〇〇人に」と答えて始まる。「釣魚人」を詠んだ作を見てみよう。

何人寒気早　何人に寒気が早いのだ。
寒早釣魚人　寒は早い 魚を釣る人に。
陸地無生産　陸地に生産はなく、
孤舟独老身　孤舟に独り身を老いていく。
裊糸常恐絶　糸を裊めて［糸が］絶えるのではと常に恐れ、

投餌不支貧　餌を投げて〔魚を釣っても〕貧を支えられない。
売欲充租税　〔魚を〕売って租税に充てようとして、
風天用意頻　風はどうだ天はどうだと用意〔気にかけること〕頻である。

讃岐の釣人を詠じた作である。道真は都時代にも釣人を漢詩に詠み込んだことはあった。ただし、それまでの作は、直接釣人を見て詠んだのではなく、中国戦国時代の屈原「漁父」以来長く詠み続けられた、俗世間から離れて俗事にまどわされない釣人像を踏まえた、いわば観念化された存在であった。その点、寒早十首の釣魚人は、讃岐で実際に見、そのうえで表現されていると考えられる。

これまでの道真には、宮廷詩宴での献詩、友人との贈答詩、景物に寄せた風物詩などはあっても、このような階層の人々に焦点を当てた作品は見えない。これは、道真に限らず他の漢詩人でも同様である。

寒早十首は、このように在地の人々の苦しみを描いた作として注目される。その表現に律令語（法律用語）を用いていることも特徴である。最初の「走還人」の「走還」などがそうで、都時代の作品にもいくつか見えるものの、寒早十首を含め讃岐時代に格段に増える。

道真は讃岐赴任を愁えながら、このように讃岐の人民を詠み、のちに触れるように国司の職を詠む。このような作は讃岐から都へ戻ると激減する。というよりも、在地の人民の苦しみを詠む作品は見当たらなくなる。

これはどのように考えるべきか。国守としての立場ではなく、問民苦使(地方行政を監察する官)の立場で詠んだという見解もあるが(『消された政治家 菅原道真』)、先に触れた詩人無用論に関わると考えられる。儒家から発せられたそれは、漢詩や漢詩人など政治に無用だという批判であった。道真はそれに対して、宮廷詩宴で献詩を行う詩臣を標榜していた。讃岐で人民の苦しみや国司の職務を詠むのは、地方政治の問題・課題を漢詩を用いて表明し、告発することになろう。まさしく政治に有用な詩作を試みたのである。詩人無用論への反駁だと考えられる。

こうして讃岐一年目は暮れていく。大晦日に詠んだ「旅亭の除夜」(文草・巻三)では、「苦だ思う 洛下の新年の事を。再び家門に到るのだ 一夢の中で」と、都の新年を思い、夢の中で都の自邸に帰っている。讃岐守として、讃岐の人々を思いつつも、やはり都の、我が家を思うのである。

讃岐でも代作

道真は都にいた頃、しきりに代作を依頼されていたが、讃岐でもそれはあった。

源能有の妻藤原滋子が父太政大臣藤原基経の功徳を修する法会に際しての願文を代作している(文草・巻一二)。この法会は仁和二年(八八六)二月二一日から二五日に開かれているが、願文には「仁和二年二月廿日」との注記があり、おそらくこの日に完成したのであろう。七月一三日に行われた、清和天皇女御源済子が外祖母多治氏の四十九日の法会のための願文も代作している（同巻一二）。多治氏はこの年五月二九日に没している。さらに済子は、一一月二七日に功徳を修する法会を開いており、その願文も道真の代作である（同巻一二）。

藤原滋子が開いた法会は二月のことなので、道真が都にいた頃に依頼されたと考えられる。源済子には二編代作しているが、前者は、外祖母の死が五月なので、道真の讃岐赴任以後の依頼となる。後者もそれに関連する作なので、讃岐赴任以後の依頼となろう。

この年にはもう一編代作している。一二月二六日の宮道友兄が母の五〇歳を祝う法会の願文である（同巻一二）。この作に記された詳細な題注によれば、友兄が讃岐にやってきて願文を依頼した。夜に入って完成し、友兄が筆を執り、道真の口誦を写し取ったという。

以上が讃岐赴任後に見える代作である。赴任以後に依頼されたものもあり、それだけ道真の文名が高かったということだろうが、これ以後代作は見えず、さすがに都から離れたこともあって、依頼は絶えたと思われる。

讃岐守二年目

二年目となる年が明けた。仁和三年（八八七）である。

道真は、元日に客を招き酒宴を開いたが、主人道真は二年目を迎えても「旅情」を催されていた。招かれた客は讃岐の「江村」（川沿いの集落）の「郷老」（長老）である。「郷老」に酒を巡らすのだが、昨年都から出たときには「愁と戚」を抱いていたけれども、今日は笑って愁眉を開こうと思うのである（「旅亭の歳日、客を招きて同に飲す」文草・巻三）。

しかし、正月二〇日になると「禁中内宴の日」であることを思い出し、宮中に思いを馳せつつ、海を隔てて讃岐にいることを悲しむ。「諸児」が酒を勧めてくれ、憂いを忘れるには「此れに過ぎたるは莫し」という（「正月二十日感有り〈禁中内宴の日〉」同巻三）。

暇を得た午後、道真は「二三里の外」の山を訪ねた。鳥の囀りを渓谷で聴き、枝を垂れた花を馬上で折った。「煙蘿」（鬱蒼たる草木）を求めてさらに深く入ろうとする。「案牘」（公文書）に束縛されるのを嫌って戻るのも物憂い。「初めて任に到って心情が冷かになってから、春風に勧められて〔山に入って〕適に破顔することだ」（「春日山を尋る」同巻三）と、国司の業務に嫌悪感を抱くものの、美しい景色で心を癒やすのである。

国司の業務を嫌がりながらも、先の寒早十首のような作もある。そこには、国司道真の、良吏たらんとする姿勢と、国司の業務への嫌悪がない交ぜな様子がうかがわれる。

行春——国司の業務

「行春詞」という二〇韻四〇句にわたる長詩がある。讃岐二年目の春に詠まれたこの作は、まさしく国司の業務から生まれた作品である。本作については、三木雅博「「行春詞」札記」に詳細な検討がある。三木の論述に導かれながらかいつまんで内容を紹介しよう。

「行春」は、『養老令』（戸）の国守巡行条と国郡司条に規定がある。前者によれば、国守は、毎年一回属郡を巡行して、風俗を観、老人を尋ね、囚徒を記録し、冤罪を理し、詳細に政教・刑罰の得失を察し、人民の愁い苦しむところを知り、懇ろに儒教の教えを諭し、農業の仕事を勧める。以下、部内の好学者、孝悌の者などを推挙する、法令に従わない者などを糾弾する、郡司たちの業績を検察することなどが規定されている。

「戸令」では季節は明確ではないが、農業を勧める点からも春に行われると推測される。

冒頭からの六句は、春の巡行に出るに当たって、清廉・温厚な国司として讃岐の州民に接しようとする自分の姿を描きながら、地方官に任じられた不安を述べる。

欲貌春風不受憎　　憎しみを受けない〔恵み深い〕春風を貌しまねて、

周流四望睇先凝　　〔讃岐を〕周流って四方を望んで〔人民や国情を〕睇して先ず〔目を〕凝らしている。

才愚只合嫌傷錦　　〔私の〕才は愚なので只合に錦を傷つけることを嫌い、

慮短何為理乱縄　　慮は短いので〔漢の龔遂のように〕何為して乱れた縄を理えることができようか。

慙愧城陽因勇進　　慙愧するのだ城陽〔讃岐〕に勇あるによって進されたことを。

庶幾馮翊以廉称　庶幾らのだ 馮翊〔漢の黄覇〕が廉潔で称されたことを。

国司に任じられた道真が讃岐を巡視する姿勢を述べ、地方官としての能力を謙遜しつつ、中国の良吏を引き合いに出して良き国司でありたいと願う。

続いて「莓苔のはえた石の上をいくのだが〔慣れない職務の不安で〕心は陸にありながら沈むようで、楊柳の花の前でも脚は氷を履むかのよう〔に職務に戦々兢々としているの〕だ」と、緊張感を抱きつつ讃岐を巡る様子を詠み、「辞謝する〔巡行中の私のもとへ〕頑な民がやって来て謁拝しようとするのを。許容そう 小吏〔下級官吏〕が〔財物などを〕送って祗しく承るのを」と、巡行中に様々な訴えをする州民や、財物などを送って奉仕しようとする郡司ら在地の役人を描いている。次のような描写もある。

讃岐の民情

尊長思教卑幼順　尊長のものは卑幼のものを順わせようと思い、

単貧恐被富強淩　単貧〔家族もなく貧しいもの〕は富み強るものに淩げられるのを恐れる。

このように讃岐の民情を表現するのは、民情を把握したうえで、弱者の立場で国政を行おうと考えているのであろう。さらに自分の声価を顧みる部分もある。

国司としての評価

遊童竹馬郊迎廃
隠士藜杖路次興
冥感終無馴白鹿
外聞幸免喚蒼鷹
応縁政拙声名墜
豈敢功成善最昇

遊んでいる童（わらわ）は竹馬にのっているが〔後漢の良吏、郭伋（かくじょう）に対しては遠くからでも竹馬に乗って児童数百人が喜んで迎えたというのに、国守である私を〕郊（こうがい）で迎えることを廃（や）めてしまっているけれども、
〔原憲（げんけん）のような〕隠士（いんし）は藜杖（あかざのつえ）をついて路次（みちみち）に興（おこ）った。
〔後漢の鄭弘（じょうこう）が、良吏として善政を行った際、天が感応して白鹿がついてきたように〕冥〔天〕が感応して終（さいご）まで白鹿が馴（したが）ってくるということはないけれども、
外聞として〔あの漢の郅都（しっと）が厳格で過酷な刑罰を実施し、蒼鷹（そうよう）と恐れられたように〕蒼鷹と喚（よ）ばれることは幸いに免れた。
応（まさ）に政（まつりごと）が拙（つたな）いことに縁（よ）って〔国守としての〕声名は墜ちるだろう、
豈敢（どう）して功が成って善や最に昇るだろうか。

郭仍や鄭弘のようにすぐれた良吏ではないけれども、原憲のような隠士が迎えたり、郅都のような悪名からは逃れられると、ある程度評価されていることをいう。こうした評価がどのように国守としての成績に影響するかを描いたのが最後の二句で、「功」は国守としての治績を指す。そして「善」や「最」は『養老令』(考課)に定められる評価のポイントである。「徳義が聞こえるならば、一善と為よ」「公平さが称えられるほどであれば、一善と為よ」「諸事を強済し、所部を粛め清めれば、国司の最と為せ」とある。

道真は我が身を振り返り、高い評価は得られまいと詠む。謙遜であろうが、こういう口ぶりに、不本意な官職であっても、考課では高い評価を得たいという、エリートとしての自負がある(「「行春詞」札記」)。

長いこの作の最後は巡行を振り返って、次のように終わる。

到州半秋清兼慎　〔讃岐の〕州に到って半秋〔国守として〕清であり兼慎であるが、
恨有青々汚染蠅　恨めしいことには青々とした汚染の蠅が有ることだ。

「清」「慎」は、『養老令』(考課)によれば、「一善」とされる。そのような一善を為しているはずだが、「青」く「汚染」した「蠅」がいる。「蠅」は讒言する小人を指し、自分は「清」かつ「慎」で務めてきたのに、都に讒言する者がいると詠んで、この作品を終えるのである。

地方官としての不安・不満とともに、理想的な良吏であろうとする責任感も描かれ、道真の誠実さとともに、中央官への未練も感じられる作品である。

本作には律令語が用いられ、それだけに国守としての職務を果たそうとする自身の責任感を具体的に表現しているといえるが、それはあまりに『養老令』の条項と対応するだけに、理想的には見えるものの、国守未経験の道真が、それを墨守（ぼくしゅ）するあまり「空回り」することも予想される。

さらに所々で、漢や後漢の良吏を引用し、自身と比較していたが、道真自身、『後漢書』の講義を父から受けていたたし、文章博士として紀伝道で講義を行っていた。菅家廊下では『漢書』も講義していた（「菅著作、漢書を講じ…」田氏家集・巻上）。いわば血肉と化しており、彼らを自分の規範として引用したと考えられよう。

以上、かいつまんで「行春詞」を紹介した。讃岐での道真の作は、これまで紹介したように、地方官への嫌悪感、都への未練が基調となっているが、本作はまさしくそれを象徴する作品である。最後に自分が讒言されるかもしれないと思うのは、国守としての成績に対する不安であり、また、不満な役職であっても、それなりの成績を収めたいという意志を示そう。事なかれ主義で、可もなく不可もなく地方官を終えようとは思っていないのだ。

余暇

讃岐の国政に腐心する道真だが、晩春には、公務の合間に、国府の別館と目される「松山館」（香川県坂出市）に遊んだ（「晩春、松山館に遊ぶ」文草・巻三）。しかし、海辺から釣人の歌が聞こえ、漁火が見えるけれども、彼らは我が親しい友ではない。膝を抱き詩を吟ずると「涙が巾を濡らす」のである。都への思いであろう。

同僚と仕事の後に「南山」（国府の南にある山か）に遊んだこともあった（「衙後、諸僚友に勧めて共に南山に遊ぶ」同巻三）。また、滝を見にも行っている（「瀑布水を観る」同巻三）。都への思いを抱きながらも、讃岐の風光を賞でようとするのである。同僚といえば、部下の倉主簿に良薬を分けている（「良薬を分けて倉主簿に寄す」同巻三）。

仕事後の読書について詠じた作もある（「読書」同巻三）。仕事の後に読むのは、経書のひとつ『春秋』三〇巻であり、『老子』である。これを「晩学」に充てようという。

3　宇多天皇の即位——藤原基経をめぐる阿衡事件

宇多天皇即位

仁和三年（八八七）六月二日、伊賀国など一九国の絹が粗悪で、国守が譴責された。そのなかに讃岐国も入っていたが、この件に関して道真の心情を示す資料はない。

八月二二日、太政大臣藤原基経以下が上表して、皇太子を立てることを請うた。

光孝天皇は三年前に五五歳で即位し、同年四月一三日、子女を臣籍に下す勅を出していた。嵯峨天皇以後、能力のある親王たちがいたが、自分が短慮であり、子息に期待できないから臣籍に下すのだという。通常は、財政を考慮するために臣籍に下すのだが、嵯峨天皇以来続く臣籍降下でも光孝天皇の場合は異例である。しかも自分の子女のみで、のちの法とすることを願わないというのである。

この結果光孝天皇は、自分の子息に天皇の位を継がせられなくなった。この間の事情について、光孝天皇を擁立した藤原基経を憚った、基経の圧迫があったなど様々な議論があるが、明らかではない。そのうえ、皇太子も定めないままに、天皇が五八歳になるこの年まで来てしまったのである。

国史によれば、藤原基経らの上表を承け、八月二五日、光孝天皇は第七子の源定省を親王に戻した。翌二六日、天皇は病に陥り、定省親王を皇太子に立てた。同日、光孝天皇は、仁寿殿にて没した。ここに、源氏から即位するという異例の天皇が誕生した。この宇多天皇は、臣籍降下した元慶八年（八八四）四月に、橘広相の娘義子と婚姻を結んでいたらしい（「橘広相考　四」）。その頃は、定省が即位する可能性はなかったのだが、定省が即位し、しかもすでに義子との間に二子を儲けていたことは、この後の政情に影響を与えることになる。なお、定省は義子とほぼ同時期に、藤原高藤の娘胤子と婚姻を結び、長男を得ていた。

一時帰京

この仁和三年（八八七）の冬、道真は一時帰京した。「倉主簿の、情を写する書を得て…」（文草・巻三）に付された自注に、「以下、暇を乞うて京に入るときの作」とあり、休暇を願い出ての帰京である。国司は任期中一度帰京することが許されていた（類聚三代格・巻七・牧宰事）。

このとき、部下の倉主簿が手紙を送ってきた。道真が帰洛すれば、讃岐に戻ってこないのでは、という州民の心配が記されていた（「倉主簿の、情を写する書を得て…」同巻三）。部下の手紙だから差し引くとしても、州民は道真を良吏として認めていたのであろう。

道真は舟で都に向かうが、その間、「舟中に宿る」「舟行五事」という詩を作っている。後者は五言二〇句という長編の五首連作で、舟旅で触れた五つの事を対象として詠んでいる。讃岐国の在地の問題と自身の現状、心情を重ねた作品で、「寒早十首」「行春詞」とともに讃岐守時代の道真だけではなく、讃岐という地方を知るための貴重な史料である。

こうして道真はいったん帰洛した。道真がいつ都に戻ったのか明らかではない。「残菊下、自詠」という作に「以下五首、京に到りての作」という自注がある。「残菊」は晩秋から初冬の景物なので、九月末か一〇月頃に都に戻ったであろう。なお道真は、一一月一七日に正五位下に叙されている。

この年の暮、讃岐へ帰ろうと思っていささか思いを述べる詩を作り、右中弁平季長に送った（「三年歳暮…」同巻三）。季長とはこれ以前の交流は見えないが、道真は季長のことをのちに「宮中で必須の人」と評している（「議者をして検税使の可否を反覆せしめんことを請う状」同巻九）。有能な官僚であったらしい。弁官として多忙な季長と違い、讃岐へ帰ろうと思う自分は、今は「閑人」であるといいつつ、末尾に次のように詠む。

世路難於行海路　世をわたる路は海を行く路よりも難しい。
飛帆豈敢得明春　飛ぶようにはやい帆かけぶねを豈敢して明春に得られようか。

讃岐へ帰る「海路」よりも「世路」（世の中を生きていく道）は難しいという。なお、讃岐へ戻った後、白髪を歎く詩（「白毛の歎」同巻四）を詠むが、そこにも、「怪来むのは日日に形容が変わっていくことだ。祇しく是は世をわたる路の難しさを行行けるからだ」と詠んでおり、讃岐守としての生きがたさを「世路難」と表現している。

道真は、生きがたさを行路の難しさに喩える表現を、先に見た匿詩事件や、のちに見る阿衡事件、大宰府左遷時の作でも使用している。道真の不遇を象徴する表現である（「菅原道真の「近院山水障子詩」をめぐって」）。讃岐で職務に精励していたとしても、道真としては不遇を感じていたのだ。

阿衡事件の始まり

道真は、讃岐守二年目の年末を京で過ごし越年したのだが、この頃、のちに事件となる因子が蒔かれつつあった。

先に述べたように、源定省は、八月二五日に臣下から親王に復帰し、二六日に皇太子となり、即日、光孝天皇の死去に伴い践祚した。宇多天皇である。そして一一月一七日に大極殿で即位する。八月の宇多天皇の践祚以後、太政大臣藤原基経は、太政官からの奏上を見ず、政務を行っていなかった。

前章でも述べた通り、光孝天皇が即位した際、太政大臣であった藤原基経の職掌が問題になった。陽成朝に幼帝の摂政たる地位にあった基経が、光孝天皇即位で摂政から離れて太政大臣の職のみを帯びることになったためだが、最終的には、光孝天皇の命によって、太政大臣の職掌ではないけれども、万の政を担当し、天皇に奏上すべきこと、天皇から下すべきことなどは、最初に藤原基経に諮ることになった。

問題はこうした政権運営が、宇多天皇の時代まで継承されるかどうかで、宇多天皇側から何の動きもなかったため、藤原基経は不審を持ち政務を見なかったと考えられている（「関白の成立過程」、「阿衡問題考」）。

宇多天皇は、即位した一一月一七日に藤原基経に勅書を送り、二一日に太政大臣藤原基経に万機を関白せよという詔を出した。それに対し、基経は閏一一月二六日、辞退する表を出す。当時は、命じられても二度は謝絶し、三度目に受諾するのが慣例になっており、この謝絶は問題とならない。

これを受けて、宇多天皇が二度目の勅を出したのが、閏一一月二七日である。しかし、これに対して藤原基経に不満があり、政務を見ないことが続いた。二度目の勅に「宜しく阿衡の任を以て、卿の任と為よ」と、「阿衡」の表現があったことによる。「阿衡」の内実が問題となったのである。このことが表面化するのは、翌年四月頃からだが、早くに藤原基経の家司であり、基経が重用していた藤原佐世が、「阿衡」には具体的な職掌はないと基経に進言していたとされる（北山抄・巻一〇・吏途指南・私曲相俟事）。そして、引き続き藤原基経は政務を見なかったのである。

『宇多天皇日記』（仁和四年〈八八八〉五月一五日）によれば、仁和三年八月以来藤原基経は政務を見なかったという。当初は、前朝と同様の権限が継承されるかの疑問があったからだが、これ以後は、「阿衡の任」に職掌がないという理由で、政務を見なくなった。後代のように「関白」という制度が確立しておらず、代替わりによってどのように継承するかが問題とされたのである（「阿衡問題考」）。

「阿衡」について藤原基経に進言した藤原佐世は先に見たように菅原是善門下で、道真の娘婿である。道真が一時帰京したのはこの頃で、まだ阿衡問題が表面化しない時期であったが、佐世との関係から事情に触れた可能性はある。

宇多天皇の勅を執筆したのは、これも是善門下の橘広相であった。広相は当時、従四位下参議左大弁であり、通常、天皇の勅を書くのは内記だが、これを橘広相が担当したところに、宇多天皇との近しさがある。先述したように、広相の娘は宇多天皇と婚姻関係にあり、すでに子息もあった。

京での越年

道真は都で年を越した。仁和四年（八八八）正月一〇日には、大学学生たち（菅家廊下の弟子であろう）と詩会を開き詩を詠んだ（「正月十日、諸生に同じて詩を吟ず」文草・巻三）。『菅家文草』巻三末尾は、「賦得春之徳風」という作品で終わる。一時帰京時最後の作でもあるのだが、「賦得―」というのは、詩会で「―」を題、ここでは「春之徳風」を題として詩を詠む意で、つまり詩会での作である。

どのような会かは未詳だが、詩中では、題の「徳」は天子の徳として詠まれており、宮中での天皇主催詩宴での作であるかのようである。ただし、この時期、光孝天皇の諒闇（りょうあん）（天皇が喪に服する）で、正月の内宴も開かれていない。もし自分の弟子たちと詩会を開いたとすれば、そのなかであたかも宮廷詩宴で詠む天皇賛美詩を詠作していることになる。道真の宮廷詩宴への意識を示すものであろう。ここで『菅家文草』巻三は終わり、次の巻四は巻頭、讃岐へ戻る作から始まる。

道真は、正月中には都を離れたようである。讃岐に戻って文章博士菅野惟肖の死を知った（「懐を書して文才子に寄す」同巻四）。惟肖は生年未詳だが、道真とほぼ同年齢でかつ同門である。道真はその死を悼んで「翰林学士を哭く」（同巻四）の詩を詠んでいる。

阿衡事件の問題化

都では阿衡事件が問題化していた。道真の後半生に深く関わるこの事件については多くの学説があり、それらをすべて本書で検討することは不可能である。以下の叙述は、先行研究を検討した結果の私見であり、細かな議論の内容については立ち入らない。特に史料に記される日付について誤写を想定する見解があるが、基本的に誤写は想定しない。

阿衡事件については、特に断らない限り、『政事要略』巻三〇・阿衡事に引かれる史料に基づく。『政事要略』は一一世紀初頭に令宗允亮が編纂した、政務に関わる制度事例をあげた書で、阿衡事件の代表的な関係資料もここに集成されている。

仁和四年（八八八）四月二八日、左大臣源融は、博士善淵愛成と助教中原月雄に「阿衡」の語について勘申（先例や典故を調べて報告する）させた。善淵愛成、中原月雄が帯びる博士、助教は大学寮明経道の教官で、明経道は儒教経典を学ぶ学科である。両名は、『毛詩』『尚書』およびその注釈、『儀礼』『周礼』など、中国の儒教経典を引用し、「阿衡」は

「三公」（三人の大臣）の官で「坐して道を論じることが其の任である」と述べた。

「阿衡」が何を指すかが問題となっており、それを明経道教官の二人が考証したのである。前述したように、「阿衡の任」を藤原基経の任とせよとの勅の表現があったが、「阿衡」には具体的な職掌はないとの進言を受け、基経が政務を見なくなっていたため、「阿衡」の内実が問題となり、この勘申に繋がったのである。

両名の「道を論じることが其の任である」という結論は、「阿衡」に職掌があることを意味するのではなく、具体的な職掌を指さない。根拠として引かれた経典には、「典職がないこと公と同じである」との記述があり、「阿衡」には「典職」（掌る職務）がないのである。

五月一五日、藤原基経が宇多天皇に奉った奏状には、両名の勘申を受けて「〔阿衡には〕典職がなく、それによって阿衡は貴いのだと知った。…伏して望むことには、早く執奏の官に命じて万機を擁滞らせないように」と記してあった。自分が任じられた「阿衡」は名誉職だから、新たな「執奏の官」に命じて政務が滞らないようにして欲しいというのである。

しかし、基経は光孝朝で「阿衡」の任として政務を担当していた。先に太政大臣職掌問題を取り上げたが、その結果、光孝天皇の宣命によって、太政大臣基経が「万の政」を担当することを定めたのであった（元慶八年〈八八四〉）。これを藤原基経は謝絶するのだが、光孝天皇は再度勅を下して、政務を担当するように命じる。その際、基経を「阿衡」と呼んでいる。このときは特段問題になっていない。宇多天皇（起草者の橘広相）としては、光孝朝と同様の権限を委ねるのであり、その意味で光孝天皇の勅にあった「阿衡」の語を用いたと考えられる（『藤原良房・基経』）。だが、藤原基経側はここを非難してきたのである。

なぜ藤原基経はこのような態度を取ったのか。

藤原基経の態度の背景

外戚関係にない宇多天皇に対する示威（じい）行動、あるいは、外戚となった橘広相（詔勅の起草者）への牽制などが考えられていたが、近年は、藤原基経と宇多天皇の深刻な対立を想定せず、基経が阿衡の語にこだわったのは、自身の立場、権限に関する疑義を明確にしたいという姿勢からとする。

事実、藤原基経は先の奏状で「阿衡の任が万機を関白するのかどうかわからず、久しく疑問を持っていた。伏して聞くところによれば、左大臣源融が明経博士などに勘申させたところ、阿衡の任とは職掌がないのだと知った」と記し、勘中の結果を受けて、阿衡の任に職務がない以上、あらためて別人に「執奏の官」を任ずるように要請したのである。

もちろん、宇多天皇側はそのような事態は想定していない。臣下の立場から即位した宇多天皇としては、父の光孝朝でも「万（よろず）の政（まつりごと）」を担当した藤原基経が必要だったからである。

そのことは、父光孝天皇が、生前、左に宇多天皇の手を取り、右に藤原基経の手を取り、宇多を基経の子のように輔弼（ほひつ）せよ、と託したこと（宇多天皇日記・仁和四年〈八八八〉六月二日条）からも明らかである。この情況は、橘広相作の、結果として阿衡事件を引き起こした勅にも記されている（勅では宇多天皇の頭を撫でたことになっている）。

儒家たちの論争

明経道儒家による勘申に対して、橘広相が反論を行った。

橘広相は、「三公」で万機を執る者を阿衡というのであり、それに基づいて詔書を著したのだという。勘申に対して三点の疑問を指摘し、阿衡に掌る職務なしというのはおかしいと主張する。その三点目に「文を作る場合、首尾を通じて解釈し、その義を作り上げるのである。それを「阿衡」という二字で一篇すべてを批判するなど聞いたことがない」という。つまり、橘広相は「阿衡」の二字だけではなく、全体で考えるべきだと主張するのである。

この反論があったためか、五月二三日、左少弁式部少輔藤原佐世、大内記三善清行、少外記紀長谷雄らが阿衡について勘申した。この三名は、先の善淵愛成らが明経道の儒家であったのと異なり、道真と同じ紀伝道の儒家である。明経道が儒教経典を中心とするのに対し、紀伝道の彼らは中国の文学・歴史史料を中心に検証する。

彼らは、先の勘申と同じく『毛詩』や『尚書』など儒教経典を引きつつも、紀伝道にふさわしく『晋書』や『後漢書』など史書を引いている。三名は、「史書を見るとさまざまな官職を「阿衡」と呼んでいる、そもそも、文章を作る際には、「断章取義」〔文章の一部を切り取って原文の意味とは関係なく使用すること」を行うのだから、それぞれ同じではない、よって明経道の勘申結果に従うべきである」と結論づけた。

橘広相も彼らと同じく紀伝道の人間だが、広相が文章全体から語の意味は考えるべきだと主張したのに対し、語の意味はそれぞれ変わってくるのだから判断はできないと、橘広相と正反対の立場で、あくまで語自体の意味に焦点を当てている。そして、明経道儒家の勘申に従うべきで、「阿衡」には具体的な職掌はないと結論するのである。

五月二九日、宇多天皇は左大臣源融を召して、善淵愛成らおよび藤原佐世らの勘申と橘広相の反論を、左近の陣座(さこんのじんのざ)で議論して定めさせようとしたが、決することができなかった。さらに翌日、藤原佐世、三善清行、紀長谷雄は三点の勘申を提出し、ここでも、「阿衡」には具体的な職掌はないと結論づけている。

橘広相と、明経道の二人、紀伝道の三人の意見は対立したままで決着を見ず、六月一日、宇多天皇は橘広相、藤原佐世、中原月雄を召して対論させた。その際、左大臣源融は宇多天皇の簾前(れんぜん)に控えていたらしい。彼らの言葉を聞くとそれぞれに道理があり、しかもこの日は暑くて苦しく、結局判断を下すことができなかったという。

藤原基経が政務を見ない情況は続き、万機の事は大小なく停滞していた。宇多天皇は、源融に命じて基経邸に赴かせ、最初の詔のように万事を行う旨を伝えた。しかし翌日早朝に戻ってきた源融がいうには、藤原基経は、阿衡の趣旨が定まっていないので、政務を執ることはできないという。「どうして大臣は、こんな風に異議を出すのか。甚だ不都合である」と宇多天皇は歎く（以上、宇多天皇日記）。そして、この六月二日に、「阿衡」という語を橘広相が用いたのは本意ではない、太政大臣藤原基経は、衆務を輔弼し、百官を統べ、奏上すべき事、下すべき事を、まず先に諮れ、との宇多天皇の宣命が起草されたのである。

ここに阿衡事件は収束するかに思われたが、この宣命に橘広相が不満を持ち、六月五日に愁文（訴え状）を提出した。意図と異なる詔を作ったと宇多天皇が認めた以上、橘広相を罰せざるを得なくなり、橘広相の罪状をめぐってさらに混乱していく。結局一〇月まで落ち着かない情況が続く。

讃岐の道真と阿衡事件

讃岐にいた道真も、阿衡事件の情報を得ていた。都の家族から手紙が送られてきたが、そこには、子どものことともに、阿衡事件について書かれていたようで、

児病先悲為遠吏　児が病んで先ず悲しい　遠く〔讃岐の〕吏と為っていることが。
論危更喜不通儒　論は危うくて更に喜ぶ　通儒〔すぐれた儒者〕でなかったことに。

と詠む（「家書を読みて歎く所有り」文草・巻四）。「論」云々が阿衡事件に触れた部分だと考

えられるが、自分が「通儒」でないから、議論に参加することもないので喜ばしいという。

この詩は『文草』の配列から仁和四年（八八八）五月頃の作と推測される。阿衡事件はすでに都で知られつつあったのであろう。さらに道真は次のような詩を詠んでいる（同巻四）。

憶諸詩友兼奉寄前濃州田別駕　　諸詩友を憶い、兼ねて前濃州田別駕に寄せ奉る

天下詩人少在京　　天下の詩人で京に在るものは少である。

況皆疲倦論阿衡　　況して皆阿衡を論じるのに疲れ倦んでいるのだから〔なおさらだ〕。

巨明府劇官将満　　巨明府〔巨勢文雄〕は劇しい官〔の任期〕が将に満ちんとしている。

安別駕煩代未行　　安別駕〔安倍興行〕は煩わしい代〔事務〕が未だ行われていない。

南郡旱災無所与　　〔讃岐〕南郡の旱の災に与る所は無く〔手の打ちようがなく〕、

東夷獷俗有何情　　東国の獷俗〔夷狄〕については何の情が有ろうか。

君先罷秩閑多暇　　君よ秩〔任期〕を罷えて閑かで暇が多かろう。

日月煙霞任使令　　日月〔時間〕煙霞〔美しい景色〕に使令〔命令〕しておもいに任せよ。

「前濃州田別駕」は前美濃介島田忠臣で、忠臣は前年仁和三年に任期を終えて都へ戻ったが、この時点でも新たな官職に就けないでいた。第二句に道真の自注があり、「伝え聞く、朝廷

が在京の諸儒に命じて、阿衡典職の論を定めようとしている」とあり、おそらくは六月一日の議論を指し、この詩はそれ以後に詠まれた作となる。

「巨明府」は当時越前守だった巨勢文雄、「安別駕」は同じく上野介であった安倍興行である。彼らは任期を終えつつあって交代事務も近づき多忙で、道真も讃岐の旱に対処しているものの手の打ちようがなく、東国の夷狄（蛮族）の騒乱に心が動かされないほどである。そして、都では阿衡事件によって詩を詠む人は稀である。だからこそ、すでに任期を終えて都にいる君（島田忠臣）よ、暇があろうから、美しい景色を思うがままにせよ、自由に詩を詠めと勧めるのである。

阿衡に触れはするものの、事件自体は敬遠して詩を詠みたいという心情がうかがわれる。

4　阿衡事件と道真——紀伝道の学問とは

三年目の秋冬

都で阿衡事件が紛糾しているなか、道真は讃岐守の三年目を終えようとしていた。この頃、この年の文章生試で及第した文室時実が旧師である道真を讃岐まで訪ねてきた（「文進士の新たに及第し…旧師を尋訪するに謝す」文草・巻四）。

文室時実は道真にとって心配な弟子であったようで、文章生試を受験してまだ評価が出ていない時期に詩を送っている。それによれば時実はすでに四〇歳であった。その後、及第の情報を得て喜んで詩を詠み、それを讃岐の客舎（松山館か）に書き記している（「文進士の及第を聞きて客舎の壁に題す」同巻四）。

そんな道真の心境を知ってか、文室時実は秋風吹くなか讃岐まで訪れたようだ。時実は一月ほど滞在したらしく、帰京は九月頃か。帰る時実に「文進士に別れる」（同巻四）という作を送り別れを惜しんでいる。「君に随って去ることは得きない、情が傷むけれども奈何ともしがたいのだ」という。やはり都恋しいのである。

道真は、しかし、というべきか、やはりというべきか、讃岐守の任に不満を持ち続けていた。冬の到来を驚く詩（「冬を驚く」同巻四）で、「愁えない　官考〔讃岐守官としての考課〕の三年で〔官位を〕黜げられるとしても。唯歎かわしいのは　生涯が万事　非であったことだ」と、讃岐守としての三年の考課で評価されないとしても、自分の生涯が誤りであったのではないかと、それが歎かわしいのである。また「冬夜の閑かな思い」（同巻四）では次のように詠む。

案暦唯残冬一月　　暦を案べてみれば　唯残すところ冬の一月。
居官且遣秩三年　　〔讃岐守の〕官に居て　且　秩〔任期〕を遣ること三年。
性無嗜酒愁難散　　性は酒を嗜むことなく　愁は散らし難く、

心在吟詩政不専　心は詩を吟ずることに在って　政をすることは専らではない。

四年任期のうち三年を過ごしたが、それでも自分の心は詩を詠むことばかりで、政務に専心することはないという。散じたい「愁」も国守という職務から生じるものであろう。酒を嗜まない道真は、酒によってその気晴らしができないのである。

この詩は「残冬一月」とあるので、仁和四年（八八八）一一月末か一二月初に詠まれたのであろう。その前の詩は「驚冬」とあるので、冬となった一〇月初の作である。

『菅家文草』にはこの間に一首「晨に起きて山を望む」詩があるのだが、道真は、一〇月頃に密かに都へ行ったとする史料がある。それも阿衡事件に関わってである。それを述べる前に事件のその後について述べよう。

阿衡事件の混乱続く

六月に宇多天皇の御前で対論が行われ、橘広相が「阿衡」を用いたのは宇多天皇の本意ではなく、藤原基経が百官を統べるべきだとする宣命が起草されたが、橘広相がこれに不満を持ったことは先に述べた。

六月晦日（二九日）は大祓が行われる予定だったが、公卿が一人も出仕しなかった。朝儀の記録を掌る外記たちは太政大臣藤原基経邸に行き、大祓運営の処理を願ったが、基経は、大祓については橘広相に告げるべきだと拒否し、外記たちは広相のもとへ赴くが、広相は宇多天皇に報告しなければならないという。天皇は、広相に、行ってはならないと命じた。六月と一二月晦日の大祓は、朱雀門で行われる国家的な祓（神に祈って罪・けがれ・災いなどを除き払うこと）で、天皇および親王以下百官の罪穢消去と除災招福を目的とする重要な行事である。その運営を藤原基経が拒否し、橘広相にやらせればよいと告げ、宇多天皇がそれはだめだと命じて混乱が起きたのである。

宇多天皇は日記に「天下嗷々〔うるさく騒ぐこと〕、ここから始まる」と記した。このことは九月一〇日条に記されており、宇多天皇が回想した内容と思われるが、この日の日記では、宇多天皇は広相のことを「朕の博士〔広相〕は鴻儒〔すぐれた儒者〕である」と述べ、だから太政大臣藤原基経に政を摂るようにという詔書を作らせたのだ、その詔書は、華やかな文章であったが、「阿衡の句」があったために、多くの邪な者につけ込まれることになり、公卿以下が広相を有罪だと称した、という。

この後に前述した大祓事件が記されており、結局これも、公卿たちのサボタージュに要因があるような書きぶりである。しかし、この大祓以後、阿衡事件について史料が残っておらず、どのような動きがあったか明らかでない。日記が記された九月一〇日にもまだ解決には至っていなかったのであろう。

宇多天皇と藤原基経間の書状

九月一七日、宇多天皇は「朕の博士」橘広相について、太政大臣藤原基経に書状を送った。そこには阿衡事件の始まりから今日に至るまでの事件の経過——政務の滞り、阿衡への疑問、善淵愛成、藤原佐世らと広相の議論の対立、世間が「噭々(うるさくさわいだ)」こと——が記され、「未(ま)だその事は定められていないのだ」と、阿衡事件の決着がついていないことが述べられている。

この書状を、宇多天皇が藤原基経に送った意図は何か。阿衡事件の経過を追うことによって、自らの苦衷(くちゅう)を基経に訴えたと考えられる(『宇多天皇の日記を読む』)。宇多天皇は、日記で、この書状について「朕の博士の事を太政大臣に送る」というのだから、広相の処遇について考えて欲しいという意図もあったろう。そして、一〇月二七日の日記には、「朕の博士」(広相)が、志を曲げて籠(こ)もって仕えておらず、自分もそれを悲しみ日々歎いているので、太政大臣藤原基経に本懐を述べた書状を送ったと記し、基経の返書を引用する。

その基経の返書には次のように記されていた。「御書状のことはつぶさに承(うけたまわ)った。また広相のことは先日承った通りだ。自分はもとから何の隔意(かくい)もない、ただ最初の詔勅〔一一月二一日付〕では政務の大少のことを担当すべしとの命があったのに、二度目の詔勅〔閏一一月二六日付〕では、阿衡の任をもって卿が任とせよとあり、前後の詔勅が異なっており同じかどうか疑いがあったので官奏〔太政官が天皇に奏上して決済を承ける政務〕を観(み)なかったのだ。あくまで慎みの思いであり、他意はない。それが去る六月に「不善」の宣命があり、当時の一失（いっしつ）というべきものだった」とあった。

六月の宣命とは、宇多天皇が、橘広相が阿衡の表現を用いたのは、自分の本意ではないとした宣命で、基経はこれを一失、つまり誤りであるという。阿衡という語を橘広相が用いたのは宇多天皇の本意ではないと明言したことを一失と評しているようだ。本意ではないという宣命を出してしまい、橘広相が宇多天皇の意図と異なる表現を詔勅に用いたと明言したために、広相を罰せざるを得ない情況にしてしまったことを一失と表現したと考えられるという（『宇多天皇の日記を読む』）。

宇多天皇が橘広相のことを歎いて藤原基経に書状を送ったのは、直前の一〇月一三日に広相の罪（宇多天皇の本意と異なる詔勅を執筆した罪）の勘申が命じられ、一五日に罪状勘申が執筆されたことと関わる。藤原基経の返書には、橘広相のことは先日承った通りだと記されていたが、おそらくこの勘申によって橘広相が罰せられることを宇多天皇が愁えて、広相の処罰を取りやめるように願ったのであろう。それを藤原基経は了承していたらしい。

同月六日、藤原基経の娘温子（おんし）が宇多のもとに入内し、九日には女御となっている。これによって宇多天皇と基経の妥協が成立したといわれるが、それを踏まえたうえで、宇多天皇は橘広相の処罰にも配慮を願ったのであろう。

『政事要略』には、一〇月一五日の罪状勘申に「この勘文は奉る前に、恩詔が出て罪が免ぜられた。随って、この勘文は奉られなかった」と注記がある。二七日に宇多天皇が藤原基経に書状を送ったのも、罪が免ぜられたとはいえ、橘広相が籠もっていること、おそらくはそれを基経への遠慮だと考えたのだろうが、そのあたりの配慮を願ったのであろう。そして、藤原基経の返書を承けて宇多天皇は橘広相を召し、本職に復帰させた。

これで阿衡事件は解決を迎えたことになる。ただし、世上の感情が一気に収束したわけではない。その後一一月三日にも、宇多天皇が阿衡事件を振り返って日記に記していることからうかがわれる。一応の終結を迎えたものの、「阿衡」という語によって起こった騒動の余波はそう簡単には収まらなかったということであろうか。なお、一一月三日の宇多天皇の日記は、多くの先行研究で六月三日の誤写とされているが、史料の配列などを勘案し、一一月三日記事と認めてよいと考える（『宇多天皇の日記を読む』）。

道真から基経への書状——奉昭宣公書

一〇月に入って、阿衡事件は一応の落着を見たのだが、この頃道真が密かに都へ入ったとする史料がある。「奉昭宣公書（ほうしょうせんこうしょ）」である。「昭宣公」とは藤原基経を指す。

『政事要略』に残されているが、『菅家文草』に収められていない。その点について、この書状を流布させたくない事情があったと考える研究者もいるが、そもそも『菅家文草』には書（書状）は収載されない。『菅家文草』巻七〜一二には、様々な文体の散文が集められているが、同時代の儒家の詩文集では書や伝が見られるものの、『菅家文草』にはない。おそらく書という文体自身を道真が収載する意図がなかったのであり、「奉昭宣公書」の内容のみではなく、書自体に対する道真の考えによるのであろう。「奉昭宣公書」には疑わしい点もあるが、ひとまず道真作と認めて論述を進めよう。

「奉昭宣公書」によれば、道真は「今月日、偸に皇城に入った」という。日付が明確に記されず不明なのだが、後文に引用するある人の言に「去る十月、大臣〔源融〕が、明法博士に命じて云うには、広相が当たる所の罪名を定めよ」とあり、「去る十月」という以上、道真が都に入ったのは、一一月頃となろう。道真は前年末にも上洛していたので、二年連続となる。先に言及した通り、国司の上洛は一度しか許されておらず、それが「偸に」という言葉に現れているのであろう。

道真がこの書状を藤原基経に出したのは、橘広相が出仕せず籠もっていた頃、讃岐にいる道真に書状を送って依頼したからだという（北山抄・巻一〇裏書・阿衡事）。橘広相の書状自体は残っていない。広相は道真と同門だが、これ以前にともに文章博士を務めた以外交流は知られない。道真も藤原基経と近しい関係だったので、それに期待したか。同門でもっとも基経に近い藤原佐世は、阿衡に典職なしと主張する、反橘広相の急先鋒であった。

道真はこの書状で、阿衡事件を聞いて寝食安んずることがなかった、それは一つは己の業のため、一つは太政大臣藤原基経のためだという。

基経のためだというのは、宇多天皇が皇太子になることをあらゆる手段で橘広相が祈ったこと、広相の娘義子との間に宇多の子がすでに二人あること、そのため宇多天皇が橘広相を憎むはずがないこと、義子は、宇多天皇が母のように仕える藤原淑子に委ねられ、宇多に嫁せられた、などの事情をあげ、橘広相は宇多天皇にとって「大功」があり「至親」であると主張し、そういう橘広相を罰すれば、怨みを負ってしまう。広相には才も智も謀も慮もある。そんな者から怨まれるべきではない、という。

宇多天皇にとっての橘広相の重要性から擁護するのであるが、それ以上に重要なのが、「己の業」を悲しむという点である。

このまま橘広相が罰せられれば、のちに文章を作る者も罪を免れないだろうと道真はいう。それはなぜか。文章を作るときには、儒教経典や史書の意味をそのまま取らず、文章（文脈）を断って意味だけを取るのである。また言葉を潤色する場合もある。自在に言葉を、もとの書物の文脈から離れて使うのである。

文章＝漢文を作る際は、先人の言葉を用いるのが一般的である。儒教経典から使われる場合もあれば、史書から用いられる場合もある。その際、もともとの書物で使われた文脈から離れて、異なる意味で用いることが一般的だと道真はいうのである。

断章取義と紀伝道

文脈を断ってもとの意味とは関係なく利用するという文章の作り方、「断章取義」と呼ばれる方法だが、すでに触れた。阿衡事件で、藤原佐世、三善清行、紀長谷雄が勘申した際、彼らは儒教経典だけではなく史書を多く引用して阿衡について論じていたが、史書では多く使用され、様々な官職を阿衡と称している、文章を作るときには、「断章取義」を行うのだから、それぞれ意味が違う、だから、史書などではなく、善淵愛成らが儒教経典で勘申した結果に従うべきだと、彼らは結論づけていた。

橘広相は藤原佐世らの勘申に反論するが、その際にも、佐世らは多くの史書で様々な官職について阿衡と称されているから意味が一定していないと非難する。だが、様々な官職であっても、朝政を執るものを指して使われているのである、だから官職が一定していないからといって、阿衡が定まらないとはいえないと反論していた。

善淵愛成らは経書を用いて阿衡を勘申した。それはもっとも基礎となる原義である。しかし、言葉そのものは様々な史書で使用される。その際には、原義からずらされて使われることもある。そのように文章は作るものである、というのが、橘広相、そして道真「奉昭宣公書」の立場である。そして、これは紀伝道の方法である。

朝廷や天皇は、何らかの疑問が生じた際、紀伝道、明経道、明法道の学者たちに、勘文や議文の提出を求めることがある。前章で触れた太政大臣職掌問題もそれだが、その際、紀伝道出身の道真は、『養老令』も引用するが、多くは『漢書』『後漢書』などの史書に依拠して議論する。同じく紀伝道出身で、藤原基経と近しい大蔵善行も同様である。明経道の博士である善淵永貞は、『養老令』を引用するものの、『尚書』『春秋公羊伝』『周礼』などの儒教経典を中心に検討する。明法道の博士忌部濬継は、『養老令』、その注釈書『令義解』、『式』という法制資料を用いる。

太政大臣の職掌が問題となるので、それぞれが日本の『養老令』を引用するが、紀伝道の儒家は史書を中心に論じ、明経道の儒家は儒教経典に依拠し、明法道の博士は法律家として法制資料を中心に論じる。

そのような事情があるだけに、紀伝道の儒家である、藤原佐世、紀長谷雄、三善清行が、「断章取義」の方法を否定し、明経道の儒家の結論に従うべしと結論づけたのは、自身の基礎を否定しかねない。異例であるように思われる。しかも、今回問題になった天皇の詔勅を起草する内記という官職は、紀伝道出身者が就くのが通例である。

この異例さはどこから生じるのか。

自らの学問を否定する紀伝道儒家たち

阿衡事件については、近年、阿衡という称の問題ではなく、関白の職掌と関わらせて理解されている。

二度目の勅に「宜しく阿衡の任を以て、卿の任と為よ」とあり、この「阿衡」が、光孝朝で藤原基経に与えられた職掌と同じなのか不明確であったことから、疑問を持った基経が政務を見なくなり、「阿衡」という称を撤回したことで、橘広相を罰するか否かが問題となり、最終的には宇多天皇と基経の間で妥協が成り立ち収束したという経過になる。

旧来の説は、天皇親政を目指す宇多天皇の出鼻をくじき、また宇多天皇の信任を得、娘を嫁している橘広相を失脚させるために、「阿衡」という言葉を問題にして詔勅を撤回させ、宇多天皇の親政は挫折し、藤原基経が政権を掌握したという理解である。基本的には、基経と宇多天皇との対立を深刻にとらえる説である。

近年の説は、宇多天皇が親政を目指したとは考えず、藤原基経と深刻な対立はなかったとの理解から始まっている。その点は首肯(しゅこう)できる。阿衡事件の発端は、「阿衡の任」が、代替わり以前に藤原基経が担っていた役割を継承するかが不分明だったからである。

宇多天皇自身、父光孝天皇と同じく藤原基経の輔弼を必要としていた。源氏から即位したという事情は、なおさら基経との対立は避けねばならない要因であろう。したがって、藤原基経と宇多天皇の対立から阿衡事件を読み解かず、あくまで「阿衡」という称が、宇多朝で職掌問題を引き起こし、藤原基経が政務を見なかったのも職掌が明らかにならなかったためで、基経としては積極的に運営ができないという理解である。筆者も同様の考えである。

しかし、阿衡事件に関わる儒家の勘申を見ていくと、紀伝道、明経道ともに、「阿衡」に典職、つまり掌る職務があるかないかのみを問題にしている。特に、明経道の中原月雄ら、紀伝道の藤原佐世らの勘申はそうである。あるかないかを問題にし、具体的にどのような職掌であるか、光孝朝で藤原基経が担った職掌とどう関わるかなどは一切問題にされない。橘広相は反論する際、中国の史書を用いて、「阿衡」は朝政を執る者を指すのだと主張している。それは、光孝朝で基経の職掌を定めた宣命で「万（よろず）の政（まつりごと）を担当する」と定められたことと通じよう。そして、光孝朝の勅では、そうした職掌を持つ太政大臣藤原基経を「阿衡」と呼んだのである。

　このような事情に鑑（かんが）みれば、旧説のように宇多天皇の親政と藤原基経の対立は想定する必要はないものの、宇多朝の最初に、藤原基経がイニシアティブを取るために行った牽制、あるいは、即位した宇多天皇へ釘（くぎ）を刺すなどの方向で理解することもできる。旧説のすべてを否定しなくともよいように思う。

　そのように考えるのは、藤原佐世ら紀伝道儒家の、自らの立場を否定するかのような勘申が存在するからである。藤原佐世は何度も述べたように藤原基経の家司で、藤氏儒家の始めである。紀長谷雄は、万機を関白せよという宇多天皇の最初の詔勅に対して、辞退する藤原基経の上表を代作している。基経に近しい立場にいたといえる。三善清行と藤原基経との関係は明らかでないが、清行以外の二名、特に藤原佐世は、そもそも阿衡に典職がないと藤原基経に進言し、この事件の発端を作った人物である。

　橘広相が史書を踏まえて検証し、道真が「奉昭宣公書」で「断章取義」を持ち出すのは、紀伝道としては当然である。それに引き替え、「断章取義」を否定する佐世らの姿勢は異例である。藤原基経の意向、あるいは意向への忖度によって生じた事態とはいえないだろうか。この勘申の存在こそが、藤原基経の、宇多天皇に対する牽制を暗示していると考えるのだ。

阿衡事件と道真

もし道真が讃岐守とならず、都にとどまったままなら、どのような立場を取ったろうか。「奉昭宣公書」は橘広相の側に立っている。道真がもし都に残っていたとして、同じような態度を取ることができたであろうか。紀長谷雄や三善清行のような立場にいたのではなかろうか。それは、「奉昭宣公書」の冒頭あたりで、「某が去る年、平季長と共に瞽説を陳べたのは、諂である」と述べ、前年の上京の際に平季長と阿衡事件について立てた説を「諂」と称していることからも明らかである。「諂」という以上、基経の意向に従う意見だったと考えられる。それが、今年になって意見を変えて、「奉昭宣公書」を出したのである。

道真も藤原基経の庇護下にあったことは、前章で述べた通りである。「奉昭宣公書」のような書状を送ることができたとすれば、それは讃岐という、都の騒がしい議論から離れた場所にいたからであろう。

「奉昭宣公書」を道真が執筆したと信じるとして、阿衡事件の解決に影響を与えたのかといえば、それはなかったと考えられる。

書状では橘広相を罰しないようにと藤原基経を説得している。ということは、道真は、橘広相が許されたことを知らない。この書状が書かれたのは一一月で、宇多天皇が橘広相を復帰させたのは、一〇月二七日である。「時日の関係から、基経の翻意の役には立たなかったことになる」（坂本『菅原道真』）と解するのが自然であろう。

ただし、『宇多天皇日記』によれば、一一月まで阿衡事件の余波は続いている。藤原基経側の儒家、藤原佐世らが、橘広相に対して非難し続けた可能性もあり、それがあったとすれば、その非難を押さえる程度の役割は果たしたかもしれない（『宇多天皇の日記を読む』）。

讃岐での三年目末

阿衡事件で揺れた仁和四年（八八八）の一二月、国庁で仏名会が行われた。仏名懺悔とも称する、一万三〇〇〇もの仏名を唱えて、その年の罪障を懺悔し滅罪生善を祈願する法会である。仁明天皇承和五年（八三八）に内裏の清涼殿で開かれて以来、恒例の行事となり、承和一三年からは地方でも行われる。道真も国守として催行し、「懺悔会の作。三百八言」（文草・巻四）という、七言四四句に及ぶ長大な作品を残している。「一万三千の仏に帰依し、二十八万人を哀愍す」と国守の立場で州民を哀れむために行うのだという。

「課税から逋逃れるならば冥司が録すだろうし、公私を欺り詐けば獄卒が瞋るだろう」と詠む。「課税」「欺詐」「公私」などは、律令や太政官符に使われる用語で、「逋逃」も『続日本紀』など歴史史料に特有の語である。違法な行為を行えば、死後にも罰を受けるという表現に律令語を使うなど、国守の職として仏名会を行う姿勢が鮮明である。

他にも、「客居、雪に対う」（同巻四）では、降った雪を美しく描写し、明年の豊作の瑞兆として詠じる。特にこの年は旱であったので「祝著うことは　明年旱と飢を免れることを」と詠んでいる。これも国守の立場からの作である。

こうして讃岐守としての三年目は暮れ、任期の最終年を迎える。

島田忠臣との贈答詩

年が明け、新たな春を迎えた。しかし、道真の心は晴れなかった。「春詞二首」（文草・巻四）という七言絶句二首があるが、一首目では、春になって穏やかな風が巡り、山も川も春らしい景色になったものの、「古から人は言う　春は楽しむべきだと。何に因って我が意は秋より凜いのか」と詠み、二首目でも、雨後に川縁の草の色が染まり、去年、梅が初めて咲いたことを思い出す。しかし、「〔春に北へ〕帰る鴻よ　若しわが家の門を過ぎるのなら為報てくれ。春なのに〔私の〕眉は結ばれたままで開かないのだと」と詠む。

この愁いはどこから来るのか。前年の阿衡事件に関わるとも思われるが、すぐ後に詠まれた「正月十六日宮妓の踏歌を憶う」（同巻四）は先にも言及したが、都の公宴（天皇主催の宴）を思い出すたびに涙を流す自分を詠んでおり、やはり都恋しさによる愁いなのであろう。

正月二一日、都では内宴が開かれた。その詩題は「花鳥共に春に逢う」である。これを聞いた道真は、幼少の頃の漢詩の師であり、義父であり、また菅家廊下宿老の島田忠臣に詩を送った（「群臣の内宴に侍りて「花鳥共に春に逢う」を賦すを聞き…」同巻四）。

道真は、宮廷詩宴に参加できなかったのが悲しかったのであろう、「花鳥共に春に逢う」という題を念頭に起きつつ、「〔梅の〕香を裛いながら翅を低れている　風がふき莎のはえるこの地で。争か得ることができるだろうか　時が来て禁園に入ることを」と、讃岐にいる自分がいずれは禁園（宮中の庭園）に入り内宴に参加できるだろうかと詠む。

これに答えて島田忠臣は、あなたの思いは宮中に届くだろうし、私の思いはあなたのもとへと飛んでいく、あなたのすばらしい詩とすぐれた才能が、この春に宮中の内宴に参加できないのが惜しい、と慰める（「讃州菅使君の…寄せられし什に酬い奉る」田氏家集・巻下）。

島田忠臣は、この詩とともに書簡も送ったようだが、それに涙した道真はさらに詩を送った（「予曽経群臣の…詩を聞くを以て…」文草・巻四）。その末尾は次のようにあった。

努力明春求友到　　力を努して　明春　友を求めて〔都へ〕到ろう。
一枝巣在旧丘園　　〔私が帰る〕一枝の巣は旧き丘園に在るのだ。

何とか力を尽くして、都へ戻りたいという。自分が戻る「巣」のある「旧丘園」とは、もちろん都の自宅を示す。

最後の句に道真は自注を付けているのだが、自身の任期に触れて、「余(わたし)は此(こ)の冬秩(ちつ)〔任期〕が満ちる。功過は知ることが難しい」と、「功過」（国司としての業務評価）への不安があるからこのように詠んだのだという。これ以上国司の職務を果たせるかどうかの不安であろうか。道真は都へ戻りたい心情を島田忠臣に訴える。これを承(う)けて忠臣は、まもなくあなたは都へ戻ることができるのだから、あまり頑張りすぎたり、家のことばかり考えないように、と詠む（「菅讃州の重ねて拙詩に答え…」田氏家集・巻下）。

内宴の題「花鳥共に春に逢う」を用いて表現しているやり取りで、最後の島田忠臣詩の題辞によれば、四月晦日から五月一五日まで二週間程度で道真の二首目が送られている。千里を遠しとしないこのやり取りに、二人の関係性がよく表れている。

道真は都恋しさを率直に訴えるが、島田忠臣は、それを受け止めつつも、帰京ばかり考えるなという。このあたりに身分差はあるものの、島田忠臣の立場をうかがうことができる。

改元と讃岐守最終年末

四月二七日、仁和から寛平(かんぴょう)に改元された。開元(かいげん)の詔書が出され、それを読んだ感懐(かんかい)を道真は詩に詠み、「寛平という両字は幾千年もつづくのだ」と新たな時代を言祝(ことほ)いでいる（「開元の詔書を読む」文草・巻四）。

この年末の作に「庚申(こうしん)の夜に懐(おも)う所を述べる」（同巻四）がある。「庚申」の夜に眠ると三(さん)

尸の虫が身体から抜け出て天帝に罪を告げ口するという俗信があり、この日は眠らず夜を明かすのだが、この詩には「客と為って以来安らかに寝ることがない。眼を開くことは豈して只三尸を守るためだけであろうか」と詠む。道真は讃岐守として赴任した自分を「客」と表現することが多いが、讃岐に赴任して安眠したことがない、だから庚申の夜に眠らないでいるのも、三尸の虫を守るためだけではないのだという。

道真は讃岐守として職務を果たしつつも、やはり都への思いは常にあった。讃岐では国司の業務を詩に詠み、讃岐の州民を詠じることもあった。そこには国司として良吏であろうとする道真の姿勢が看取できよう。

しかし、州民を詠む姿勢は都へ戻るとなくなってしまう。都で、中央の儒家官僚として、また菅家廊下主宰として過ごすことが自身の存在意義なのであろう。

讃岐守の任期は、寛平二年（八九〇）春に満ち、讃岐での四年間を終えて、道真は念願の都へ戻ることになる。

第4章　右大臣への道――宇多天皇の近臣として

1　帰京、蔵人頭への就任――橘広相の死

帰京

寛平二年（八九〇）、道真は讃岐守の任期を終えて帰洛した。正確な時期はわからないが、帰洛して最初の作が「春日故右丞相の旧宅に感ず」（文草・巻四）なので、春なのは確かである。あるいは正月には帰ってきていたかもしれない。次の任に就くのは翌年二月で、それまで道真は位階だけ帯び官職のない立場（散位）である。

讃岐時代の道真について、『北野天神御伝』は、在任中業績があり、官吏も州民も愛したと評す。道真自身は、陸奥守となって赴任する藤原佐世の送別宴で、地方へ下る佐世を励ますためか、「我は試いられて吏と為って讃州へ去った。…しかし一秩〔任期〕四年に忠節を尽くし、帰って来て便ち侍中の臣〔蔵人頭〕と作った」という（「左金吾相公、宣風坊臨水

亭に於て…」同巻五）。藤原佐世を励ます文脈なので、讃岐国守としての評価から天皇の側近である蔵人頭となったと文字通りに理解することはできない。

しかし、晩年に生涯を振り返って詠んだ大作「叙意一百韻」（菅家後集）では、「南海〔讃岐〕では百城を専につかさどった」といい、その「州をおさめた功を吏部が銓んだのである」と詠み、讃岐守としての功績を「吏部」（式部省）が人事考課で評価したという。

不本意であった讃岐赴任だが、自分でも評価を得たという認識であったようだ。ただし、道真は、通常は現地ですべき後任国司との交代事務を行わなかった。早く都へ帰りたかったのだろう。讃岐守という本任（もとの官職）から離れないまま入京し、そのため都で引き継ぎを行うことになり、その間、「朝士」（朝廷に仕える役人）に接することとできなかった（「懐を書して諸詩友に奉呈する」文草・巻四）。それは都に戻ったとしても、讃岐で望んでいた宮廷詩宴に参加できないことを意味した。「懐を書して諸詩友に奉呈する」には、「釈奠の都堂の礼を観ることはできない。何して重陽や内宴の盃を賜ろうか」と詠む。

釈奠は、毎年二月と八月の上丁（月の上旬の丁の日）の日に、孔子およびその弟子を祭る儒教儀礼で、都の大学寮や地方の国学で行われた。都堂院（大学寮内の施設）では講論が行われる。ここはそれをいうのだが、講論が終わると、そのときに用いられた儒教経典から文句をぬきだし、それを題として漢詩を詠む。『菅家文草』にもこうした釈奠詩はいくつも残る。

その釈奠の都堂院での礼を観ることもできないし、内宴や重陽宴という、讃岐で心待ちにしていた宮廷詩宴にも出席できず、つまりは天子から盃を賜ることもできないのである。それでも、早く都へ帰ってきたかったのであろう。

この寛平二年の内宴は正月二一日に行われた。この時期までに帰っていたとしても参加できず、二月に行われたであろう釈奠にも出席が叶わなかった。

宇多天皇との関係始まる

しかし、三月三日の曲水宴に道真は参加している。なぜか。

曲水宴とは、元来中国で行われた宴で、曲水（曲がりくねった流れ）に盃を流して、それを取り上げて酒を飲む宴で、漢詩も詠まれた。日本では曲水に盃を流さず詩を詠むだけの場合もあった。曲水宴は天皇が主催する詩宴として宇多朝でも開かれるのだが、正月内宴や九月重陽宴と格式が異なる。

これまで宮廷詩宴として、天皇が主催する詩会を紹介してきたが、天皇が主催する詩会は、大きく二つに分けられる（「天皇と文壇」）。一つは、正月内宴、九月重陽宴で、天皇が行う公事として必ず開かなければならない詩宴である。藤原基経が献上した年中行事障子には、一年間に行われる公事が記されているが（「平安時代の『儀式』と天皇」）、ここに載る詩宴は、内宴と重陽宴のみである。公事である以上、天皇が漢詩文に興味がなくとも開かれる。

それ以外にもう一つ、漢詩文に興味がある天皇が私的に開く詩宴がある。「密宴」とも呼ばれるが、格式としては内宴や重陽宴よりも低く、公事といえない面がある。三月三日曲水宴は、当時は密宴であった。

日本の曲水宴は、『日本書紀』によれば、第二三代顕宗天皇の時代から見え、奈良朝には定着する。三月三日は節日であり、節会として規模の大きい儀式であった。しかし、桓武天皇と藤原乙牟漏がそれぞれ三月と閏三月に死去したため、子に当たる平城天皇が三月三日節会を停廃した。宇多天皇がそれを再興するのだが、節会としてではなく、密宴として復活させた。その最初がこの寛平二年三月三日である。

この日、太政大臣藤原基経が宇多天皇のいる東宮雅院へ参入してきた。宇多天皇は即位後しばらくこの雅院を常の御在所としていた。子の刻に詩興が湧き、曲水の詩宴を行うことになった。そこで、漢詩人が召されたのだが、道真、島田忠臣、蔵人のなかで漢詩文を詠む能力がある者が呼ばれた（宇多天皇日記）。節会としての曲水宴ならば、もっと大規模に行われたと思われるが、蔵人という天皇の側に仕える者のなかから漢詩を詠む者が選ばれたのは臨時の密宴であったことを暗示させる。そのなかに道真がいたのである。

阿衡事件で藤原基経から牽制された宇多天皇であったが、こうした記事を読むと、良好な関係を保っているようだ。道真はこれ以前、宇多天皇と直接関係を持ったことはない。何よりも宇多天皇が即位したのは、道真が讃岐にいた頃である。もちろん、道真の詩才は宇多天皇も知ってはいたろうが、この曲水宴に招かれたのは、やはり藤原基経との関係があったからであろう。基経が道真の学才・詩才を認めていたのは、先に述べた通りである。

宮廷詩宴への強い思い

密宴ではあっても、道真は讃岐時代に心待ちにしていた宮廷詩宴への参加が、ついに叶ったのである。道真、島田忠臣の二首が残るが、道真はその末尾で次のように詠んでいる（「三月三日雅院に侍り侍臣に曲水の飲を賜う。応製」文草・巻四）。

四時不廃歌王沢　四時〔四季〕に王沢（おうたく）を歌うことを廃（や）めたくない、
長断詩臣作外臣　〔だから〕長く詩臣が外臣（がいしん）と作（な）ることを断（た）ってほしい。

四季折々の季節に開かれる宮廷詩宴で王沢（王の恩沢）を歌うことをやめたくないから、これ以後ずっと詩臣を外臣（地方官）に任じないで欲しいと願う。この末尾は、王沢を歌いたいという主張はともかくとして、自分を地方官に任じないで欲しいというのは、人事異動に対する異議であり、天皇賛美を行う宮廷詩宴にふさわしくないともいえるが、それほどまでに宮廷詩宴に参加したい、王沢を賛美したい心情を表現していると見るべきであろう。

このように密宴の曲水宴に出席した道真であるが、実はこの年の公事である重陽宴にも参加している。これも特例であった。

このときは三人が特別に召された。うち二人は、巨勢文雄、安倍興行で、彼らも地方官から都に戻ったのだが、この両名は、交代事務は済ませていたものの、まだその結果が諸司に下っていなかったらしい。しかし、道真は交代事務自体がまだ終わっていなかった。

この三人は、文人簿という、重陽宴で漢詩を詠む人物（文人）の名簿に載せられていなかったが、特に宇多天皇の勅によって参加が許された（撰集秘記・九月九日所引・清涼記・書入）。道真は曲水宴という密宴に引き続き、重陽宴という節会に特別待遇で出席したのである。特に重陽宴の参加は、節会という格式の高さからいっても特例であった。

橘広相の死と道真

曲水宴は藤原基経との関係が推測されるが、重陽宴はどうであろうか。曲水宴で道真の詩才に触れた宇多天皇が、特別に、巨勢文雄、安倍興行とともに参加させたとも考えられるが、曲水宴から重陽宴までの間に、宇多は重要な人物を亡くしており、それが関わっているように思われる。橘広相である。

前々年の仁和四年（八八八）一〇月に阿衡事件が一応の決着を見た後、橘広相は、一一月に正四位上に加階した。そのため、「あの紛議はなんであったのかと思わせられてしまう」（「太政大臣の系譜」）との評もあり、実際広相は変わりなく儒家官僚として過ごしていた。しかし、一年半後の五月一六日没する。五四歳。参議正四位上左大弁兼近江守であった。

翌日、宇多天皇は、使を橘広相邸に遣わし、中納言従三位を贈っている。宇多天皇にとって橘広相は「朕の博士」と頼むべき人物であったが、その広相を失った宇多天皇が目を付けたのが、道真であったと思われる。

翌寛平三年（八九一）、道真は蔵人頭に任じられるが、紀伝道で学び対策及第した者で、蔵人頭に任じられたのは、道真以前は橘広相のみである。天皇の側近ともいうべき蔵人頭となったのは、広相を失った宇多天皇が、道真にその後を期待したためと考えられる（『律令国家の転換と「日本」』）。

また、道真は藤原基経とも親交があった。宇多天皇が道真を選んだのは、基経との親しさも考慮されたのではないか。

この寛平二年冬、藤原基経は病に伏せっていた。一〇月三〇日には天下に大赦が行われ、基経の病気平癒を祈るために度者（出家する権利を認められた者）三〇人を賜った。宇多天皇は見舞おうとしたが、基経は謝絶した。それに対し、宇多天皇は勅を下した。勅には藤原基経が「先帝〔光孝〕を輔翼し、朕が躬を推し進めた」と、先帝からの輔弼についても記されているが、これを書いたのが道真である（文草・巻八）。

藤原基経は自分の病気のために大赦が行われ、度者を賜ることについても謝絶したのだが、これに答える勅を書いたのも道真である（同巻八）。

通常、詔勅は内記職にある者が起草するのだが、先の阿衡事件で藤原基経に対する勅を執筆したのが宇多天皇の側近、橘広相であったように、ここで道真に勅を起草させたのも、道真を橘広相と同様に扱おうとする姿勢からであろう。

このように宇多天皇は積極的に道真を登用しようとしている。この時期道真は、都で交代事務を行ったこともあり、次の官職に就いていなかった。宮廷詩宴という場だけではなく、勅という王の言葉を起草する役割を、その職を務める内記ではなく、道真に任せたのである。なお、橘広相の死からこの勅の執筆までに、宇多天皇が道真の才能にさらに触れる機会があった。

閏九月一二日に、宇多天皇は儒士を宮中に召して「未だ旦ではないのに衣を求める賦」と「霜菊の詩」を詠ませた。単なる文学作品を作るのではなく、君主が政治を思う道と臣下が正しい行いをする情を述べさせるもので、道真も作品を献上している（「未旦求衣賦」文草・巻七、「霜菊詩」同巻四）。宇多天皇が側近として橘広相の跡を嗣がせようとしたきっかけはこうした道真の詩才、それも花鳥風月を詠むだけではない、政治的な作品を作り出せる才学を知ったことにあろう。

官僚復帰――蔵人頭道真

寛平三年（八九一）正月一三日、太政大臣藤原基経が没した。五六歳。前年冬から病に伏せっていた。後嗣の藤原時平は、三月一九日に参議に任じられたが、まだ二一歳である。これ以後、宇多天皇が積極的に国政に関与する天皇親政期とされ、「寛平の治」と称される。

藤原基経の死後、公卿筆頭は七〇歳の左大臣源融で、三月一九日にそれまで空席だった右大臣に藤原良世が任じられた。良世は冬嗣の息男で、藤原基経には叔父に当たる。これも七〇歳で高齢である。注目すべきは、同日に大納言に任じられた源能有である。

源能有は文徳天皇皇子で、母は伴氏、道真母と同族である。異母弟清和天皇の貞観一四年（八七二）に二八歳で参議に任じられる。左兵衛督、左中将、左衛門督などを兼任し、陽成朝元慶六年（八八二）に中納言に昇進した。三八歳。当時、源能有以外の中納言は、皆六〇歳以上で圧倒的に若い。光孝朝に入ると、上位者に異動（死去）がなく地位は動かないが、宇多朝寛平元年に右大将を兼任する。そして、藤原基経死後の人事異動で大納言に昇る。

源能有は藤原基経政権下でも、その死後も順調に昇進を重ねている。能有は基経娘を妻としており、その間の娘は基経の息男、忠平に嫁し、師輔、師氏、師尹を生んでいる。基経と近しい関係があった。宇多朝でも何度も上卿（その日の政務を扱う上位の公卿）を務めている。上卿にある者は、政務に練達した公卿と考えられるが、藤原基経存生時の中納言時代にも担当し、基経死後は格段に増える。「実質的な首班公卿」（「〝寛平の治〟の再検討」）と評される。

これらの人事異動直前の寛平三年二月二九日、道真は蔵人頭に補された。藤原基経の死後のいわゆる「寛平の治」の始発に道真は蔵人頭となったのである。蔵人頭は、蔵人所の長官で定員は二名。所の職員として五位蔵人、六位蔵人などがいるが、天皇の代替わりによって新任されることからも、天皇との結びつきが強い職であり、近臣といってよい。

蔵人は「内は即ち忝くも近習として〔天皇に〕陪し、外はまた諸司に〔天皇の〕仰せをつたえる。職掌の尊さは、誠に厳重である」（橘広相・蔵人式序）とされる要職である。しかも、蔵人所は、宇多朝に強化され、橘広相による『蔵人式』編纂もその一環である。宇多天皇は、そのような蔵人所の頭に道真を補したのである。

宇多天皇が即位したときに蔵人頭に補されたのは、藤原基経の息男時平と藤原高経（基経の同母弟）である。頭に、基経の嫡男と同母弟が配されていることからも、宇多天皇の政治に基経が欠かせない存在であったことは明らかだが、寛平二年九月に、藤原高経が病によって頭を辞し、その後任に源湛が就く。源湛は左大臣源融の息男で、道真と同年である。湛はそれまで五位蔵人を務めていた。蔵人頭の後任は五位蔵人から選ばれるのが通例である。同年一一月二八日に時平が従三位に叙されて頭から離れ、後任として、この二月に道真が頭に補された。道真は五位蔵人を経ずに蔵人頭となった。宇多天皇の抜擢といえよう。

先にも述べたが、紀伝道出身で対策及第して蔵人頭に補されたのは、橘広相のみである。紀伝道出身者は、儒学の知識を持って実務官僚として仕える。そのなかでも対策に及第した者は高度な学才を持つ。そのような蔵人頭として、道真は宇多天皇に仕えることになった。

しかし、道真は補された翌日、蔵人頭を罷めたいと上奏する（文草・巻九）。蔵人頭には、

「潢流(こうりゅう)」（皇室の血統）や「鼎族(ていぞく)」（高い身分の家柄）の出自で、「芝蘭(しらん)」や「鸞鳳(らんほう)」のようなすぐれた人々を守る「徳」、率いる「威」が必要で、自分では人望に背(そむ)く、だから別にふさわしい人を選んで欲しいと願った。が、認められなかった。

式部少輔・左中弁兼任

三月九日、道真は蔵人頭に加えて式部少輔(しきぶのしょうふ)に再任された。道真は讃岐守に任じられるまで少輔を務めており、五年ぶりの再任である。長官である式部卿(きょう)はそのときと変わらず本康(もとやす)親王で、式部大輔(たいふ)は平惟範(これのり)である。惟範は、道真が讃岐守時代、一時帰京した際に詩を送った平季長(すえなが)の兄に当たる。

しかし、道真の兼官はこれだけにとどまらなかった。四月一一日には左中弁(さちゅうべん)も兼ねる。弁官は、左右弁官局からなる行政事務担当機関で、太政官の庶務を処理し、文書を扱い、諸官司や諸国との連絡・仲介に当たる太政官行政の事務部局で、極めて重要・多忙な職である。上司に当たる左大弁は当初、源直(すなお)だったが、翌年に藤原保則(やすのり)に代わる。保則は、道真が讃岐時代に「路に白頭翁に遇う」（文草・巻三）で良吏(りょうり)として描き、慈父(じふ)のようだと評した人物である。

道真は、二月二九日に蔵人頭、三月九日に式部少輔、四月一一日に左中弁と、一ヵ月半でこれだけを兼任する。

式部少輔は以前も務め、紀伝道出身者が就くにふさわしい官である。また、弁官も、文書行政の中枢で、紀伝道出身で実務に秀でた者が任じられる場合が多かった。したがってこの二官については、紀伝道出身官僚として、道真にとって違和感はなかったろう。

しかし、蔵人頭は違った。四月二五日、道真は、再び蔵人頭を辞する表を奉った（同巻九）。先に蔵人頭を辞す表を奏上したとき、天皇の勅が伝えられたのだが、そこには、交替すべき人を推挙せよ、その後で退職を許そうとあり、さらに口勅があって、早く職に従え、闕怠を許さないと命じられていた。それ以来六〇日、過ちを犯しつつ務めていたが、式部少輔、左中弁を兼ねることとなり、さらに「滝口の撰書所」に宿直し、「御前の侍読」（天皇の学問を教える役割）に伺候することになった。左中弁・式部少輔という二官職に、撰書、侍読という「両役」まで務めることになり、すべての仕事を成し遂げることは難しいので、蔵人頭を解くことを願ったのである。

道真は、三官を兼任するだけでなく撰書と侍読を務めていたが、解いて欲しいと願ったのは蔵人頭だった。それだけ自分にふさわしくない職と考えていたのであろう。

なお、「撰書」が具体的に何を指すのか明らかではない。「御前の侍読」についても、何を講義したのかわからない。『北野天神御伝』によれば、寛平四年（八九二）に、宇多天皇に『群書治要』を講じたとある。それかとも考えられるが、『北野天神御伝』はこれを同年一二月五日の任左京大夫に続けて記すので、この順番を考えれば、翌年一二月以降に講じたことになり、時期が違いすぎる。未詳というしかない。

二度目の辞表も受け入れられず、道真は二年間蔵人頭を務めることになる。

道真は、蔵人頭・左中弁・式部少輔と、官僚として多忙を極めながら講書を行うなど、儒家の役割も果たしていた。その一つとして対策の出題も行っている。五月二八日に小野美材（よしき）の対策に際して、策問「仁と孝を明らかにせよ」、「和と同を弁（べっ）せよ」を出題している（文草・巻八）。また、当然のように宮廷詩宴にも参加している。

2　参議への昇進――藤原時平との関係、立太子問題

宇多朝の密宴

寛平四年（八九二）の年が明けた。正月七日、道真は従四位下に叙された。

宇多天皇は、恒例の宮廷詩宴以外にも頻繁に詩会（密宴）を開いている。正月には、漢詩人を召して「花の枝に就（つ）く」という詩を詠ませた。三月三日には曲水（きょくすい）宴を開き、さらに、「春夜の桜花」という作品も同月の詩宴で詠ませている。

『菅家文草』は歴史史料には残らないこうした詩宴資料を収載している点でも価値があるのだが、この年には、さらに七月七日宴、九月一〇日重陽後朝宴、残菊宴などが開かれている（文草・巻五）。

宇多天皇は、このような密宴に、道真のように専門的な漢詩人は当然として、それ以外の、詩作に堪能とはいえない人物も召している。蔵人をはじめ、近臣、あるいは近親者である。つまり私的関係者が召されており、極めて私的要素を含んでいる（「宇多・醍醐朝の文壇」）。

宇多朝は、蔵人所が強化されるとともに、元来天皇の私的奉仕者であった殿上人の出勤を管理し、公的な性格が付されるようになる。これらは天皇となるはずではなかった宇多天皇が、自身の権威を確立し、近臣を新たに編成したことを意味するのだが（『平安京遷都』）、密宴の頻繁な開催もこれと関わる。先述したように密宴はそもそも天皇の漢詩文に対する私的興味によって開かれ、私的関係者が召されるのだが、蔵人所や殿上人など天皇との私的関係が公的性格を持つようになる宇多朝では、単なる遊興と考えるべきではない。

送別宴

この年、道真の同門の先輩、後輩が地方官に任じられ、送別宴が行われた。先輩に当たる安倍興行の送別宴は、『菅家文草』『田氏家集』によれば、三度行われている。安倍興行はすぐれた地方官で立て続けに国司を歴任していた。しかしそれに不満を持っていたことは前章で触れた。国司歴任後、阿衡事件の最中に文章博士に任じられたが、この年、大宰少弐として九州に赴任することになったのである。

送別宴は秋に行われた。その一つで、道真は安倍興行に対して「兄も無く弟も無く（我が」身は初めて老いてきた。「そんなときあなたが都から離れるとすれば」万事について誰に子細を聞かせればよいのだ」と詠んだ（「暮秋、安鎮西の任に赴くを送る…」文草・巻五）。

注目すべきは、安倍興行送別宴の一つが、源能有邸で行われたことである。源能有は先に触れたように、当時の実質的な首班である。この送別宴は、藤原佐世が陸奥守として赴任する送別宴も兼ねていた。佐世も菅原是善門下だが、能有は、菅家廊下出身者の送別宴を自邸で行ったのである。それだけ菅家との繋がりが深かった。

道真は、源能有とは古くから付き合いがある。第1章で触れたように、一九歳で、源能有の亡母伴氏のための一周忌願文を代作している。讃岐赴任時には、これも前章で紹介したが、源能有の妻藤原滋子の願文を代作している。その後、元慶八年（八八四）、源能有の四〇歳を祝う法会では「木形の白鶴を賦す」（同巻二）という詩を詠んでいる。のちのこととなるが、能有五〇歳の「小宴」に施される屏風の詩も詠んだ。

このように、道真は源能有とは古くから交友があった。菅家門下の安倍興行、藤原佐世の送別宴を源能有が開いたのもそのためであろう。なお、佐世の母も伴氏であり、源能有、道真、佐世は同族を母に持っていた。

藤原佐世は、前年の寛平三年（八九一）正月に陸奥守に任じられた。左遷である。藤原基経が没したのがその正月一三日で、この任官は基経の家司であった佐世が後ろ盾を失った結果と考えられよう。仁和二年（八八六）正月に道真が讃岐に赴任した際、藤原佐世は失意の道真のために送別宴を行ったが、立場が逆転し、今度は自分が送られる番となったのである。

藤原佐世の送別宴は、基経の後嗣、藤原時平も開いている。道真も出席し佐世を餞別する長詩を詠んでいる（「左金吾相公、宣風坊臨水亭に於て奥州刺史を餞別す…」同巻五）。

この送別宴になぜ道真が出席できたのかといえば、時平の父基経と親交があったからであろう。第2章に述べたように、基経邸で開かれた詩会・講書に道真は参加していた。父基経との関係が時平に継承されたといえよう。

寛平の治の始発——時平と道真

藤原時平と菅原道真といえば、のちの大宰府左遷と関わって、関係は険悪に、あるいは対立的にとらえられている。しかし、実際はそう単純ではない。

先述したように、いわゆる「寛平の治」は、寛平三年（八九一）の基経の死を契機としている。その翌年秋（藤原佐世らの送別宴の行われた年）、宇多天皇、藤原時平、道真は詩のやり取りをしている。「金吾相公、不棄愚拙、秋日遺懐、適賜相視。聊依本韻、具以奉謝、兼亦言志」（文草・巻五）という長い題辞を持つ詩から始まる。

「金吾相公」（参議兼衛門督）の藤原時平が、道真の「愚拙」を「棄」てることなく、「秋の日に懐を遣す」という漢詩を作り、「適視してくださった」ので、時平詩の脚韻（本韻）を使って謝し、「兼ねて亦志を言う」というのである。

道真がこの詩を詠んだ後、さらに藤原時平が漢詩を送ってきた。道真はその詩にも応えた（「金吾相公、枉げて遺懐を賜い、答謝の後、偶御製有り…」同巻五）。題辞を見ると、藤原時平の詩に応えて道真が詩を詠んだ後（一首目）、宇多天皇が漢詩を作ったという。藤原時平、道真の贈答詩を見たのであろう。そしてそれに感激した道真が詩を作って、君主に仕える道を詠み、さらに私情を加えて、藤原時平に送ったという。

詩のやり取りは藤原時平から始まった。時平のもとの詩は残らないものの、道真詩の内容から、藤原時平が宇多天皇に忠節を誓う詩を詠んで道真に送り、それに対して道真が時平への謝意を詠む。その間、宇多天皇の作があり、道真は、さらに、藤原時平の作を称賛しつつ、宇多天皇への忠節＝臣下としての道を詠じたという流れとなる。

この寛平四年秋、藤原時平は二二歳の若き参議として太政官の一員であり、道真は蔵人頭として宇多天皇の側近である。その二人が宇多天皇を間に置いて忠節を誓った作品を詠み合ったことは注目されよう。それも、藤原時平から詠みかけているのである。藤原基経亡き後、寛平の治が始まるとされるだけに興味深い事柄である。宇多朝の実質的首班は大納言源能有と考えられ、源能有は道真と親しかった。寛平の治の始発は、その源能有を筆頭に、若き基経後嗣の藤原時平と、蔵人頭という側近の道真がいる体制だったのである。

藤原時平と道真の詩のやり取りは、これだけにとどまらない。おそらく同年の冬、時平は嵯峨院に遊覧に行き、道真に「冬日嵯峨院即事」という詩を送った。道真はそれに応えた詩を詠んでいる（同巻五）。
翌寛平五年、道真の参議就任を祝って時平は「鄭州の玉帯」を贈った。道真はそれを謝す詩を詠んでいる（同巻五）。

このようなやり取りは道真が左遷される直前まで続く。こうした情況を見ると、藤原時平と道真が対立していたと単純に考えることは難しい。本心は別にあり、敵対しない程度の配慮をしたと考えることもできる。これらのやり取りは時平から始まっており、道真からではない。父基経と道真の関係を継承しようとする藤原時平の思慮から出たとも考えられる。

道真自身にとっても、庇護を願った基経の後嗣、藤原時平だけに、引き続き庇護を願う気持ちもあったろう。先に触れた鄭州玉帯を謝す詩では、玉帯を「賞賜」と表現している。「賞賜」とは、天子が功績のあった臣下に与えた恩賞をいう。道真は藤原時平から贈られた玉帯を、そのように呼んだのである。

あたかも、藤原時平を、「主」であるかのように表現している。藤原時平からの贈り物に対する謝礼の詩であるから、文字通りに受け取るわけにはいかない面もあろうが、逆にこの両名に深刻な対立を読み取ることも難しい（「時平と道真」）。

島田忠臣の死

この寛平四年（八九二）、道真にとって最大の事件は、島田忠臣の死であろう。秋頃だと推測される。六五歳。従五位上典薬頭を最終官位とした。島田忠臣は父も知られぬ卑位の出身で、紀伝道に学び官僚として立った。漢詩への評価は高く、道真とともに渤海使との詩の贈答に駆り出されたことはすでに述べた。

しかし、満足すべき官途ではなく、長く藤原基経に庇護を願ったものの、また宮廷詩宴の場で天皇を称えるだけでなく自身の実績を主張するものの、卑位で終わったのである（「島田忠臣の位置」）。道真は娘婿であり、漢詩を教えた弟子であった。このとき道真は四八歳、従四位下蔵人頭・左中弁・式部少輔である。

道真は島田忠臣を悼んで詩を詠んだ（「田詩伯を哭す」文草・巻五）。冒頭で、「哭くことは考妣をうしなったかの如くで茶を飡うよりも苦しい」と、その苦しみを詠む。第三句目以降をあげよう。

縦不傷君傷我道　　縦え君のことを傷まないとしても　我が道を傷むのだ。
非唯哭死哭遺孤　　唯死を哭くだけに非ず　遺孤となったことを哭くのだ。
万金声価難灰滅　　〔忠臣の作品の〕万金の声価は灰のように滅えることは難かろう。
三径貧居任草蕪　　三径〔三本の小道〕がとおる〔忠臣の〕貧居は草が蕪れる任だ。
自是春風秋月下　　是から春風秋月の下、
詩人名在実応無　　詩人は名ばかりが在って実は応に無いであろう。

道真は島田忠臣の死を悼みつつ、我が道（詩の道）、残されて「遺孤」となった自分を泣くという。島田忠臣の存在は道真にとって父母に当たり、詩の道を象徴する存在であったのだ。その死は「道」の滅びを予測させる。だからこれ以後「詩人」は名前だけで実質はないと断言する。

『菅家文草』を見ても、島田忠臣との詩のやり取りがもっとも多い。先に讃岐守時代の贈答を紹介したが、道真は讃岐守としての評価を気にし、都へ帰りたいという真情を吐露していた。島田忠臣はそれを受け止め激励している。家柄や官位は道真が上であったが、道真にとって島田忠臣は真情を託す親友だった。それをこの時期に失った。ことに詩友として多くの詩を贈答していた道真、「詩人」道真にとっては大きな痛手であったろう。

島田忠臣娘で道真の妻、宣来子は、このとき四三歳である。道真の嫡子、高視は宣来子所生だと考えられるが、この頃、二七、八歳で文章生であったようだ。翌寛平五年に文章得業生となる。祖父島田忠臣は、孫が文章得業生になるのを見ることができなかった。

寛平五年正月密宴

この年末一二月五日に道真は左京大夫を兼任したが、翌年二月には離任している。

年が明け、寛平五年（八九三）正月二一日に恒例の内宴が開かれ、道真も「開春楽」という題で詩を詠んだ（文草・巻五）。同じ正月に宇多天皇は密宴を開いた。この密宴は、宇多天皇が、宮中に仕える女性たちに賜った極めてめずらしい宴である。

道真は「粧を催す」という題で詩序と詩を作っている（同巻五）。詩序によれば、正月元日節会から内宴に至るまで二〇余日、喜びを承け思いを述べる機会は、宮女に及ばず男性官人だけである。そこで、天皇は宮女を楽しませようとしたという。道真は詩序の末尾で、自分は「侍中」（蔵人）で、「君挙」（君主の行い）を記す職務がある。だから、天皇が宮女ばかりを大切にしていると思われないように宴の様子を記しておくのだと述べる。

宇多朝には密宴が多いが、それは宮女にまで及んでおり、蔵人頭としての道真もそれに携わっていた。

類聚国史編纂

この詩序の冒頭に「聖主（宇多）が小臣に命じて、旧史（古い史書）を分類させた」とある。『類聚国史』の編纂を指す。

『類聚国史』は、『日本書紀』以下『日本三代実録』までの六国史の記事を部門別に分類・配列した史書で、二〇〇巻。現在は、六一巻といくつかの逸文（一部だけ伝わった文章）を残すのみである。部門別に分類されることで、先例・事象の検索に便があり、政務を実行するための実用的な書物として尊重された。

しかし、『類聚国史』に引かれる『日本三代実録』は、延喜元年（九〇一）の完成奏上で、道真の大宰府左遷後である。そのため同書に引かれる『日本三代実録』は後人の補入だという説もあった。だが、現在ではおおむね『日本三代実録』編纂に加わっていた道真が、その編集中に『類聚国史』に記事を編入したと考えられている。

なお、『日本三代実録』序文には、源能有、藤原時平、菅原道真、大蔵善行、三統理平に命じて編纂を始めたとあり、各自の官職によって寛平五年（八九三）四月から同六年八月までの間に始められたと推測されている（『日本三代実録』）。

参議となる

二月一六日、道真は参議に任じられた。左中弁は引き続き兼任で、式部少輔から大輔に上がった。後任の少輔には紀長谷雄が任じられる。道真は、蔵人頭・左京大夫からは離れ、参議に任じられて公卿の地位に至り、太政官の議政に参加する地位に就いた。四九歳。父菅原是善に続き二代にわたる参議だが、是善は六一歳での就任であり、早い昇進といえよう。

このとき、藤原時平から玉帯を贈られたことは先に述べた。藤原時平は道真の任参議と同日に中納言に昇っている。同じく蔵人頭を務めていた源湛も同日に参議となっている。

参議に任じられた直後に宇多天皇の詩を賜っている（「御製、梅花を題し、臣等に賜う…」文草・巻五）。宇多天皇の詩は残っていないが、道真詩の題辞によれば、宇多天皇の詩のなかに、今年の梅花が去年よりも減った歎きがあった。道真はその理由を述べるというのだが、天が寒く地が宜しくないから梅花が減ったのではないと始めて、最後に次のように詠む。

誰人攀折栄華取　　誰人が栄華を攀折って取ったのか。
新拝相公挿四支　　新たに相公〔参議〕を拝したわたしの四支に挿しているのだ。

梅花という「栄華」は、参議を拝命した私に存しているのだという。だから梅が減ったのだ。自身の参議昇進という「栄華」を梅に重ねるのである。

六日後の二月二二日、道真は左中弁から左大弁に昇った。さらに三月一五日、勘解由長官も兼ねた。勘解由使は官人らの交替を監査する役所である。多く儒家が任じられ、父菅原是善や橘広相も務めた。これで参議兼左大弁・式部大輔・勘解由長官を帯びることとなった。

立太子

四月二日、宇多天皇の第一皇子、九歳の敦仁親王が皇太子に立てられた。母は故藤原高藤娘胤子で、この年正月二二日に、故橘広相娘義子とともに女御となっていた。

宇多天皇が、のちに即位する醍醐天皇に与えた訓戒である『寛平御遺誡』によれば、敦仁を東宮に立てる日、道真一人と論じ定め、他に一緒に相談する者はいなかったという。

胤子腹の敦仁親王と義子腹の斉中親王は同年生だったが、斉中親王は寛平三年（八九一）一〇月一三日に七歳で没していた。斉中親王には一歳下の同母弟斉世親王がいるが、やはり長子の敦仁親王を皇太子に立てるのが穏当であろう。

道真に相談したのは、斉世親王が、宇多天皇にとって「博士」であった橘広相の孫であり、斉世親王を皇太子に立てたいという考えがあったからだろうか。

立太子の日、春宮坊（皇太子に付される官司）の官人が補された。皇太子傅（皇太子補導役）には大納言源能有が、春宮大夫（春宮坊の長官）には中納言藤原時平、春宮亮（次官）には道真（のち権大夫）、春宮進（三等官）には藤原敏行（大進。のち権亮、さらに亮）、藤原定国（少進。のち権大進）が任じられた（四等官以下は略）。途中没する源能有、転出する藤原敏行以外は、敦仁親王の即位まで春宮坊官を務めた。

補導役が源能有、春宮坊の長官、次官が藤原時平、道真で、彼らは先述したように宇多朝の政治を牽引する立場にいた。その三名が宇多の後嗣にも仕えることになった。

皇太子には、学問（儒学）を教える東宮学士（定員二名）が任じられるのが通例だが、今回はそれがなかった。宇多天皇は道真に詔を下して、「今回の東宮については諸事省略しているので、二名の東宮学士も欠員のまま補わないことにした。汝は亮に任じられているのだから、兼ねて経書を執って教授せよ」と命じた。

道真は春宮亮と、実質的な東宮学士として一身に「両役」を兼ねることとなり、あまりに多忙なので、一〇月に至って、弟子の藤原菅根を推挙し、その役を任せる（「特に従五位上を大内記正六位上藤原朝臣菅根に授けんことを請う状」文草・巻九）。最終的には弟子に譲ったものの、宇多天皇は、皇太子敦仁親王の学問を道真に委ねようとしたのである。

なお、藤原菅根は元慶八年（八八四）に文章生となり、寛平二年（八九〇）九月に対策及第し、同三年に少内記に任じられていた。自身の代わりに皇太子に儒学を教授する役割を担う者として推挙するのだから、期待した弟子であったのだろう。このとき、三八歳である。

文章制作、代作

この寛平五年（八九三）、臨時の仁王会が開かれている。仁王会は、『仁王般若経』を講説して鎮護国家を祈念する法会で、大きく二種類がある（一一世紀以後は三種類）。天皇の即位ごとに行われる一代一度仁王会と、災厄などが起こったときに行われる臨時仁王会である。仁王会では呪願文が作成される。呪願文とは、当初は四六駢儷文で作られていたが、おおむね道真の父菅原是善の時代頃から四字句で作られるようになる祈願の文章である。光孝天皇即位時の一代一度仁王会では、道真が呪願文を作っている（文草・巻一二）。

一代一度仁王会の呪願文は文章博士が作るのが慣例で、これもその例だが、臨時の仁王会の呪願文は必ずしもそうではない。宇多朝の臨時仁王会は、寛平元年、五年、七年、九年に行われているが、呪願文作者未詳の元年以外は、すべて道真が作り、『菅家文草』に収められている。これも、宇多天皇の「博士」道真の面目躍如といえようか。

寛平五年の臨時仁王会は閏五月一八日に行われている。『日本紀略』によれば、「疫癘」(伝染病)のために開かれた。道真の呪願文を見れば、疫癘以外に、不作、旱、暴風、兵刃、海賊などがあがっており、当時の世情不安がうかがわれる。

3 遣唐使派遣問題——遣唐大使道真

遣唐使問題

寛平六年(八九四)の年が明け、道真は五〇歳となった。三月に上巳の詩宴(曲水宴)が開かれた。宇多天皇は漢詩を詠み、道真に送った。道真の出席が叶わなかったからである。道真はそれを謝して詩を詠んだ(「勅有りて上巳の桜の下の御製の詩を視ることを賜る…」文草・巻五)。

道真欠席の事情はわからないが、わざわざ詩を送るのは、宇多天皇にとって道真が詩を学ぶべき「博士」であったからだろう。道真は「啻桜を看るだけでなく也春を惜しんでいる。紅の粧をうまく写し得ていて〔天子の〕玉章〔詩〕は新である」と称えている。

この年、道真に関わる大きな事件があった。遣唐使派遣問題である。これまでに多くの先行研究があるが、主に、増村宏「遣唐使の停廃について」、石井正敏「いわゆる遣唐使の停止について」「寛平六年の遣唐使計画について」、渡邊誠「寛平の遣唐使派遣計画の実像」の成果に基づいて述べていく。遣唐使の先行研究の整理は、増村、石井に詳しい。

なお、基本となる資料は、特に注記しない限り、道真「諸公卿に遣唐使の進止を議定させることを請う状」（文草・巻九。以下、「状」と略記）、「勅を奉わって太政官の為の在唐僧中瓘に報いる牒」（同巻一〇。以下、「太政官牒」と略記）である。

中瓘の録記

この年五月、唐客が入朝した。唐の海商、王訥と考えられる（増村）。彼は、前年三月付の在唐僧の中瓘の書状（「録記」）を携えて来た。

中瓘は、伝未詳の僧侶だが、この頃在唐していた。元慶五年（八八一）、貞観四年（八六二）に、入唐した高丘親王（平城天皇第三皇子。薬子の変によって皇太子を廃され、のち出家）が、羅越国（マレー半島南端にあった国）で入滅した風聞を日本に通報し、延喜九年（九〇九）二月一九日にも在唐していたことが知られ、少なくともこの間は唐にいた（増村）。

このとき中瓘が送った「録記」自体は残っていない。先の道真の文章からわかるが、断片的で、文章もそのままで引用したのではなく、整理された概要であり、道真の文飾・解釈も加わっていよう。

先行研究に基づき整理すれば、中瓘は、温州刺史（長官）の朱褒から「不朝の問」（日本からの朝貢が途絶えているという問い）、つまり遣唐使が途絶えている件を尋ねられ、朱褒が日本に使者を遣わし、朝貢を求めようとしていることを伝えてきた。それに加え、中瓘は、「大唐」の「凋弊」を詳細に記していた。それを踏まえたうえで、中瓘は朱褒の要求を伝えつつも、「入唐の人」を停止した方がよいのではないかという意見を述べていた。

遣唐使派遣を要求し、使者を送ろうとした朱褒は、八八二年頃から温州刺史として八九〇年頃まで在任し、その後九〇一年に再任されたが、翌年に死去する。この間、兄弟で温州刺史を務め、同地方の実力者として活躍したという（「寛平六年の遣唐使計画について」）。朱褒の派遣要求は個人的なのか、唐皇帝の意志で、それを朱褒が仲介しているのか、そのあたりの事情ははっきりしない。

朱褒については、道真の「太政官牒」に商人たちの説く内容として、「賊寇が起こって以来、十有余年、朱褒は独り所部〔部署〕を全うし、天子が特にその忠勤を愛した」との評判が記されている。日本側としては、「天子」が「忠勤」を愛する朱褒からの提案であり、その背後に唐の皇帝の存在を意識したであろう。

遣唐使派遣と「太政官牒」

これを承けて遣唐使発遣が発議されたようである。しかし準備が整わない。そこで、中瓘の書状に対して、太政官から返事が出された。それが道真の執筆になる「太政官牒」で、七月二二日の日付がある。中瓘の書状が着いてから二ヵ月後である。執筆は道真だが、「太政官牒」という通り、太政官の立場で執筆されたものである。

それによれば、朱褒が使者を送って遣唐使派遣を仲介しようという宿願については、「旧典」に鑑みると、受け入れることはできないが、その思いは決して疑わない、中瓘の書状には唐の衰えが詳細に記されており、遣唐使停止を意見しているが、日本側としては遣唐使派遣は止めることができないという（「菅原道真と遣唐使（一）」）。

「旧典」とは、臣下（陪臣）と国家は外交関係を持たないという外交論理である。朱褒は、「忠勤」を愛されているとはいえ、温州刺史でしかなかったからである。

「太政官牒」ではこのように述べた後、前述した朱褒に関する商人の「風聞」を記し、この頃、しきりに災いがあり、物資をすべて備えることが難しい。遣唐使派遣の朝儀はすでに決定しており、使者を発遣しようとしているが、整える間、年月を延期することになろうという。そして、中瓘に、「大官（朱褒）から問が有れば、趣旨を理解して事情を叙べるように」と命じる。

遣唐使派遣が決定されたものの、頻繁な災厄によって延期せざるを得ない情況を説明するように、中瓘に伝えている。「災」は、前述した臨時仁王会での道真の「呪願文」に記されていたような、伝染病、不作、旱などを指すと考えられる。

この「太政官牒」によれば、中瓘の書状が届いて二ヵ月後には、すでに遣唐使派遣が決定していた。わずかな期間しか経っていない。それ以前から計画されていたというのではなく、先行研究が指摘するように、この短期間での派遣決定は、朱褒からの要請という受け身によって促されたのであろう。

そして「太政官牒」が出された一ヵ月後の八月二一日、遣唐使が任命される。大使が道真、副使は紀長谷雄、判官が藤原忠房（ただふさ）、録事に阿刀春正（あとのはるまさ）である。紀長谷雄は、紀伝道出身で対策及第した儒家である。従五位上で、五日前に右少弁に任じられたばかりである。藤原忠房はこれ以前に播磨少掾（はりまのしょうじょう）（あるいは権少掾（ごんのしょうじょう））で、大学寮で学んだと考えられている。

宇多天皇主導の遣唐使派遣

朱褒の派遣要請の情報から短期間での遣唐使任命だが、ここまでの審議は、公卿たちの間で情報を共有して行われていない。それは、直後に出された、道真による遣唐使の進止を再検討する「状」に、中瓘の書状を遍く（あまねく）公卿や博士に下して、発遣の可否再検討を要求したことからも明らかである。

先行研究が推測するように、遣唐使派遣は宇多天皇が主導したのであろう。つまり、朱褒の要請からという受け身であったが、宇多天皇が積極的に進めたのである。公卿らから広く意見を求めず、宇多天皇が主導し、急転直下に決定したと考えられる。それだけに、実現性や安全性などが考慮されていなかった可能性がある。

だからこそ、大使に任命された道真は、任命の二〇日後となる九月一四日に、公卿たちにその可否をあらためて検討させるように天皇に奏上する。それが遣唐使停止の建議といわれる、道真の「状」である。

遣唐使派遣再検討要請

道真は、中瓘の書状に「大唐」の「凋弊」が具に載せられており、さらに、遣唐使派遣が為されていないと中瓘が尋ねられたこと、入唐は停止した方がよいのでは、と中瓘が告げたことを記し、中瓘は、「区区」僧ではあるが、わが「聖朝」（宇多天皇）のために誠を尽くしている。「旧記」を調べてみれば、「度度」の遣唐使は、ある者は海を渡って命が堪えられず、ある者は賊に遭って遂に身を滅ぼした。が、唐に至って「難阻」や「飢寒」の「悲」があった者については確認できていない。しかし、中瓘が報ずるような情況では、いまだ起こっていない事態が起こるであろうことは、推して知るべきであるという。

つまり、「旧記」によれば、唐に渡るまでに危険があっても、唐に入れば、艱難辛苦もなく飢えも寒さもなく、ある程度安全だったが、中瓘の書状に詳しいように、「大唐」が「凋弊」しているとすれば、その安全も危ういと指摘するのである。

だからこの中瓘の書状を広く公卿・博士に下して、遣唐使派遣の可否をあらためて定めて欲しいと請う。「国の大事であって、独り我が身の為ではない」と道真はいう。

この「状」が遣唐使停止の建議とされたのは、『日本紀略』の同年九月三〇日条に「其日。遣唐使を停める」という記事があり、道真の建議を経て、遣唐使が停止されたのだと理解されたからである。

五月に中瓘の書状が来、七月以前には遣唐使派遣が決まり、八月に遣唐使任命、そして九月に停止という、非常に慌ただしい展開となる。しかも、道真は遣唐大使に任命されていながら、派遣停止を建議し、ただちに遣唐使が停止されたという経緯から、例えば、「ジェスチュア」説が登場する。

簡便な道真伝として定評のある坂本太郎『菅原道真』は、「これはもともと一つのジェスチュアであろうという気がする」と指摘し、「遣唐使の任命は初めから政府に派遣の意志がなくて、せられたものではあるまいか。道真と長谷雄もまた、実現しないことを承知の上で、任命せられた使節ではあるまいか」「内外に対する体面の上で一おう使の任命を決定したものの、それは形だけで、実際に派遣する意志はなかった」とする説である。他にも多くの説があるが、増村宏に詳細な紹介があるので同書によられたい。

遣唐使は停止されたのか

たしかに、このような短期間での派遣決定、任命、停止という経過からは、ジェスチュア説が出るのもおかしくはない。が、この『日本紀略』の遣唐使停止記事について疑義が出された。石井正敏「いわゆる遣唐使の停止について」である。一九九〇年に公表された。『日本紀略』の停止記事は、九月三〇日条に「其日」として示されている。石井は『日本紀略』の「其日」を検討し、「某日」と同義であると確認して、そのうえで『日本紀略』の資料性を丹念に洗い出し、この停止記事には史料的な価値がなく、遣唐使の停止が決定されたという事実はない、と結論づけた。この見解は現在、おおむね認められている。

つまり、道真は遣唐使派遣の再検討を要請したけれども、結局審議はなされなかったのではないか、と考えられる。そのことは、これ以後長期にわたり、道真らが遣唐大使、副使兼任のままであったことからもうかがわれる。

例えば、道真が遣唐大使として見える最後は寛平九年（八九七）五月一三日で、太政官符（太政官が諸司に命令を下達する文書）に「遣唐大使中納言従三位兼行民部卿左大弁春宮権大夫侍従菅原朝臣」とある（類聚三代格・巻八）。また紀長谷雄は、延喜元年（九〇一）一〇月二八日の太政官牒（太政官から直接管理下にない機関に下達する文書）に「遣唐副使従四位下守左大弁兼行式部大輔侍従文章博士紀朝臣」との自署がある。つまり、道真は宇多朝末、紀長谷雄は醍醐朝に入っても大使、副使であったのだ。

これらは、文人の栄誉の象徴と理解されていたが、彼らの官職がこのように記されるのも、遣唐使が停止されなかったからである。停止されていたのなら、たとえ文人官僚の栄誉だとしても、公式文書に遣唐大使・副使と記されまい。遣唐使計画は続いていたのだ。

遣唐使派遣の模索

道真の可否再検討の要請はなされたものの、計画は撤回されなかったと考えるべきで、道真の建議以後も計画の実行が模索されていた（以下、渡邊誠に基づく）。

寛平八年（八九六）三月四日、唐人の梨懐が召されて入京した。この梨懐は、唐海商の李環と考えられる。この人物は、宇多天皇が『寛平御遺誡』中、「外蕃の人」と会う際には直接対せずに御簾越しにするようにと醍醐天皇を戒めた一節で、宇多天皇が、李環と会ったときには直対してしまったと述べている、その李環であろう。宇多天皇は、都に召された唐海商李環と直接面識があった。

天皇が唐人を召す事実は他に一例しかない。承和元年（八三四）三月一六日に、大宰府にいた唐人張継明を仁明天皇が召して入京させた事例で、承和の遣唐使派遣のために唐の情報を得るためであった（『最後の遣唐使』）。宇多天皇が李環を召したのも同様だと考えられる。したがって、遣唐使が停止されたとされる寛平六年の二年後の寛平八年段階でも、宇多天皇は唐の情報を入手しようとしており、遣唐使の計画は続いていた。渡邊誠によれば、唐人を召して遣唐使派遣のために唐の情報を得るという方法が六〇年程前の承和の遣唐使に先例があるという点から、宇多天皇による寛平の遣唐使自体が、承和の先例を追おうとした計画であると考えられる、という。

そもそも宇多天皇は他にも、踏歌の復興をはじめ承和の故事を意識している。父光孝天皇も同様であった。光孝天皇自身が天皇になるはずのない存在であり、父仁明天皇を継承する意志を示すことで、自身の皇統を正統なものとしようとしたからである。宇多天皇には、源氏から即位したという事情もあった。この遣唐使派遣も、皇統を正統化するための、仁明天皇の故事復活の一環ととらえることができる。

寛平の遣唐使は朱褒の要請によるという受け身ではあったが、それを承けた宇多天皇は積極的に乗り出した。それがあまりに拙速で、道真による再検討の要請もあったが、計画実現はずっと模索されていたのである。しかし、先の「太政官牒」にも示されたように、頻繁な災厄や唐の「凋弊」など内外の情勢が整わず、その間に、道真や紀長谷雄らが昇進していき、大使、副使にふさわしい身分でなくなってくる。そして醍醐朝延喜七年（九〇七）には唐が滅亡して実現は不可能になるのである。

あらためていうまでもないが、遣唐使の派遣は寛平六年で停止されたのではなく、以後も模索されていた。結果として派遣されなかったのである。

渡唐への道真の心境

道真が、寛平六年九月一四日に遣唐使可否再検討の「状」を提出したのは、渡唐に強い不安の念があったからだとする説がある（鈴木靖民「遣唐使の停止に関する基礎的研究」）。「状」

が提出される五日前の重陽宴での作に、道真や紀長谷雄の渡唐への不安が描かれているとする理解を根拠とする。

この重陽宴では「天浄くして賓鴻を識る」という題で詩が詠まれ、道真の詩があり（文草・巻五）、他に紀長谷雄ら三人の漢詩の第三～六句が現存している（類聚句題抄）。

道真の詩について、川口久雄校注『菅家文草』が、この題に「大陸との交通をはるかに思いやる意がこもっている」といい、道真詩の第七句目「賓雁よ人の意を動かす莫かれ」を、「遣唐大使となって、渡唐することになって動揺している道真自身の心を告白するものであろうか」と注釈している。鈴木はこれを受けて、「当初より渡唐に強い不安の念を抱いていた」と指摘する。

また、同月二七日に開かれた、東宮詩宴では、「秋が尽きて菊を翫でる」という題で詩が詠まれた。道真の詩序と詩が残っている（同巻五）が、これについて鈴木は「使の停止問題が何らかの形で投影されているのではなかろうか」「憶測ながらこの詩と序に、道真の遣唐使停止を思い立ったのは、かれ自身の側に複雑な心境の動揺・変化があった」と指摘する。

渡唐の心情は詠まれたのか

しかし、鈴木自身「憶測」と述べるように、これらは漠然とした印象論である。先にも述べたが、宮廷詩宴の場は、天皇が主催し、天皇を賛美する詩を詠むことが基本である。それを、共有する題に即して漢詩を作って果たす。それ以外の、渡唐の不安を詠むとすれば、場の性格から考えて異例である。そのように解釈するのなら、余程の根拠が必要である。それが存しない以上、先の重陽宴詩も東宮詩宴詩も題を踏まえて理解しなければならない。

重陽宴詩は「天浄識賓鴻」という題で詠まれた。題は、天(そら)が浄(すみ)わたって雁の訪れを識(し)るという意である。詩もその方向で解釈しなければならない。「賓鴻」は日本・都にやってくる雁であり、唐に渡る雁ではない。詩の内容を見ても日本にやってくる雁を描写している。

東宮詩宴の場合は、秋が尽きること、その秋が尽きるなかで菊を賞(め)でる内容が詠まれており、それ以上は含まれていないと解すべきである。また、東宮詩宴については、この詩宴が開かれた事情、詩人たちが詩を詠む所以(ゆえん)を詩序として道真が執筆しているが、そこには遣唐大使に任じられたことなど、一言もない。したがって、大使に任じられた心境が詠まれたと考える必然性はない。

漢詩文など短詩形の作品は、意味を過剰に読み込むことができてしまう場合がある。しかし、その読みを保証するだけの根拠を持ってこなければならない。それがなければ、まずは題に即して詠むことが肝要である。逆にいえば、題の範囲内で読むことが第一である。

道真らの漢詩には自注が付され、わかりにくい解釈を自ら説明することがある。これらの詩に自注が付き、大使に任命されたからいうのだ、などとあれば、遣唐使としての心情を重ねて読むこともできようが、それがない以上、題に即して、本文通りに読むだけである。それ以上は余程の資料がない限り、過剰に読み込むことは避けなければならない。憶測を加えていけば何でもいえてしまう。歴史史料であれ、文学資料であれ、同じである。

再検討要請の理由

では、道真が可否再検討を要請したのはなぜであろうか。道真の「状」は、唐の「凋弊」による道中の危険性をあげている。しかし、派遣決定の際に、こうした情報が共有されたうえで議論されたのではなかったようで、そうした拙速さに、道真はそれこそ不安を持ったのではなかろうか。

新たに危険が想定される唐国土での移動について、対策などまったく考慮されずに派遣が決定されたとすれば、大使として、大勢を引き連れて唐へ赴く道真として不審・不安を持って当然である。「公卿・博士」による慎重な検討を要求してもおかしくはない。

考えても詮(せん)のないことではあるが、もし、「公卿・博士」らによって、中瓘の書状が慎重に検討され、唐国土での安全性について打開策が発案され、そのうえで派遣が決定されれば、道真はそれに従ったのではないかと、筆者は思う。

道真の祖父清公(きよきみ)は、延暦の遣唐使で遣唐判官(はんがん)として唐に赴いた。伯父の善主(よしぬし)も、宇多天皇が先例とした承和の遣唐使で判官として渡唐している。そしてともに無事帰国している。

遣唐使には代々同じ血縁から選ばれる場合がある。承和の遣唐大使藤原常嗣(つねつぐ)の父は、延暦の遣唐大使藤原葛野麻呂（かどのまろ）である。つまり大使と判官は、延暦と承和で親子であった。とすれば、寛平の遣唐使が企画されれば、道真が選ばれる可能性は高い。道真が、たとえ意に添わなくとも職務に精励（せいれい）することは、讃岐守時代にも見えた。

もちろん、渡唐の不安はあったろうが、個人的不安のために、遣唐使の可否を再検討させたとは考えにくい。大使として一行を預かる責任から、拙速に決定された計画の再検討を要求したのではないか。

4 「朕の近習」「大師」——宇多天皇の側近、そして博士

東宮詩宴

道真は、寛平六年（八九四）も昨年までと同様、公式な宮廷詩宴（内宴、重陽宴）以外にも宇多天皇の密宴に出席し、漢詩を詠み、また詩序を作ったりしていたが（文草・巻五）、注意すべきは、遣唐使派遣問題でも触れた東宮詩宴である。

敦仁親王（醍醐天皇）は漢詩も残す詩才ある人物だが、一〇歳と幼く、詩宴の開催には、春宮亮であり立太子直後の学問師であった道真の関わりがあったと考えるべきであろう。

この詩宴は、「秋尽翫菊」を題とし、道真の手になる詩序でもそれは「尽秋」「残菊」と表現される。要するに、秋が尽きようとする頃に残菊を賞でる詩宴である。秋が尽きようとす

る頃、つまり九月が尽きようとする頃に宴を開き、去りゆく秋を惜しむ趣向は、中国には見られず、平安時代の日本で確認される。その初見は、道真が元慶七年（八八三）九月三〇日に自邸で開いた詩宴で、父是善が元慶四年八月三〇日に没して以後、八月が忌月となり、菅家の行事として世間に知られていた八月十五夜宴が開かれなくなり、死去三年が過ぎて、これに代わる行事として、九月尽（くげつじん）の宴が開かれるようになった。

つまり、九月尽の宴は菅家で行われていた行事であった。それが宮中に入り、寛平元年には宇多天皇主催で行われている。九月尽は中国では見られないが、まったくの独創ではなく、白居易（はくきょい）が好んで詠んだ三月尽を秋に応用したものである。この東宮詩宴で道真は、惜春（せきしゅん）を詠む白居易「落花」の「留春春不住」を、「惜秋秋不駐」と惜秋（せきしゅう）の詩に応用して詠んだ。まさしく九月尽という趣向の形成を詩によって示したのである。道真は、九月尽という行事の成り立ちをこのような手法で敦仁親王に示したのではなかろうか。のちにも触れるが、道真が皇太子の命で詠んだ作には、教育的内容が見られる。これもその一つと考えたい。

侍従・国司兼任、皇太子との関係

寛平六年（八九四）一二月一五日、道真は侍従を兼ねた。この年の道真は、従四位下参議兼左大弁・式部大輔・春宮亮・勘解由長官・遣唐大使・侍従ということになる。この兼官の多さは同時期の他の官人には見られない。

年が明けた寛平七年正月一一日、近江守を兼任し、勘解由長官を離れた。近江守はもちろん遥任で赴任はしない。実質的な経済的優遇措置である。

三月二六日、道真が皇太子敦仁親王に伺候した際、「唐に一日に百首の詩を詠んだものがいたと聞くが、汝は「一時」〔二時間〕に十首の詩を作れ」と命じられた。一〇事の題が下され、道真は「二刻」（一時間）の間に完成させた（文草・巻五）。詩の内容から、詩人とは、詩とは何かの手本を示したと考えられる。

また初夏頃、東宮に宿直していたとき、「春の十首で作詩の早さを知ったので、今この時の二十物を題にして重ねて詩を求める」と命じられた。道真は固辞せず、「酉二刻」から「戌二刻」つまり二時間で二〇首を作って皇太子に献上した。数十日後、その写しを求めたが、近習の少年が三首を失ったために、一七首しか残らなかった。それが『菅家文草』巻五に残る一七首である。

この二〇首は、「風中琴」「竹」「薔薇」以下の、時節にふさわしい題を与えられての作で、すべて五言律詩である。前回と同様、詩や詩人とは何かを示しつつ、聖君となるであろう皇太子に我が忠節で応えようと詠んでいる。漢詩を作ること、その際の心情、また君主と臣下の関係などが詠まれており、皇太子への「教育的配慮」が存している（「詩人の感興」）。

道真は儒教経典を教授する役割は弟子の藤原菅根に譲ったが、漢詩を通じて、皇太子に教育を施していた。

この後、夏に東宮で詩会が開かれており、道真も「殿前の薔薇に感ず」という題で詩を詠んでいる（同巻五）。さらに秋にも皇太子主催の詩宴が開かれており、「晴れた霄に将に月を見ようとする」という題で道真も詩を詠んでいる（同巻五）。道真によって、皇太子敦仁親王の詩作への興味は開かれていったといえよう。

道真は、皇太子とも深い関係を築いていた。それはもちろん、春宮亮という職務柄による事情が大きかろう。道真は職務に精励する官僚なのである。

敦仁親王が立太子して、この四月で二年が過ぎた。この頃、宇多天皇は譲位を考えていた。『寛平御遺誡』で宇多天皇は次のようにいう。東宮が初めて立った後、二年経たないうちに、朕は位を譲る意があった。朕は、この意を密かに菅原朝臣に語った。しかし菅原朝臣は、このような大事には、自ずから天の時があり、忽せにすべきではありませんと申した。さらに、封事（意見書）を上り、あるいは直言を吐き、朕の言葉に従わなかった。正論であった。

宇多天皇は、立太子して二年も経たないうちに、まだ一一歳の皇太子に譲位しようと考え、立太子時同様、道真に相談したのである。道真はまだ天の時ではないとして反対した。

宇多天皇がかくも早く譲位したかったのは、やはり皇統の確立・安定のためであろう。先述したように、光孝―宇多という皇統は、仁明天皇を継承する事業を行って皇統の正統化を図っていたが、早くに皇太子に譲位することで、安定した皇位継承を狙ったと思われる。

道真は、宇多天皇の側近であるとともに、次の天皇にも重要な影響を与える立場にあった。

渤海使再び

前年寛平六年（八九四）一二月二九日、渤海客徒一〇五人が伯耆国（鳥取県西部）に到着した。年が明けて存問渤海客使が任命され、鴻臚館の巡検が行われ、渤海使を迎える準備が進められた。五月七日に渤海使が鴻臚館に来着し、恒例の饗宴が、五月一一日に豊楽殿で天皇臨席のもと、一四日には朝集堂で行われた。

このたびの渤海大使は、一二年前に鴻臚館で道真、島田忠臣らと詩の応酬を行った裴頲で、再び大使として来訪した。裴頲がすぐれた詩才の持ち主であったことはすでに述べた（第2章）。だからこそ前回は、道真、島田忠臣らが漢詩文応酬の役割に任命されたのだが、今回も、宇多天皇の勅が下り、式部少輔紀長谷雄と道真が鴻臚館に行き、詩宴を命じられた。

五月一五日、道真らは鴻臚館に到った。大使は昔を思い、「交」字を脚韻として詩の応酬を行う。ここでの作は道真の詩が『菅家文草』巻五に六首残るにすぎない。そのうち二首は、渤海副使に送った作である（韻は同じ）。

前回の渤海使との贈答では、道真は批判に曝された。蕃客である渤海使に対して、対等の友人であるかのような交情を表現したことが問題にされた。今回の贈答でも、例えば一首目では、「尋思うことただ手を執って昔膠を〔漆の中に〕投げいれるとはなれないように〔意気投合〕したことを。拝覿るとあなたは慇懃で暫くでも〔その慇懃さを〕抛つことはなさらない」と、意気投合した昔を思い出し、今対面している裴頲の振舞の礼儀正しさを称えている。しかし、二首目の詩（「裴大使の訓いらるるに答うる作」同巻五）には、天皇の「恩光」「聖化」が詠まれる。渤海使を送別する作には、冒頭に次のような表現がある（「夏日、渤海大使の帰るを餞す…」同巻五）。

　初喜明王徳不孤　初めは喜んだ　明王〔天子〕の徳が孤ではないことを。
　奈何再別望前途　奈何しようか　再び別れてあなたが〔故郷への〕前途を望むのを。

「徳不孤」とは、『論語』（里仁）の「徳不孤、必有隣」（徳は孤立しない、必ず隣がある）を踏まえ、天子に徳があり、それを慕って渤海使がやってきたのを喜ぶのである。

　この詩の最後は「去るものも留まるものも相贈るのは皆名貨である、君のは是れ詞の珠で我のは涙の珠だ」と、裴頲の作品を称え、別れの涙に暮れる自分を詠んでおり、蕃客としての渤海客を表現しているだけではないものの、前回に比べれば、中華（日本）と蕃国（渤海）の関係を描いている。

　前回との変化の理由は明らかにしがたい。当時は、三九歳で文章博士兼式部少輔であった道真だが、今回は、参議兼左大弁・式部大輔という、政治の中枢に地位を得、国家としての立場を背負った表現であると解釈できようか。

渤海使は、五月一六日に帰途に就いた。

時平と雁行する――重用される道真

八月二五日、左大臣源融が没した。七四歳。公卿の筆頭は、同じく七四歳の藤原良世となったが老齢で、大納言源能有が実質上の筆頭であることに変わりない。

一〇月二六日、道真は、参議から中納言に昇った。父菅原是善は参議が最終官職であったから、それを超えたことになる。もちろん、菅原氏としては初めての任官である。また同日、従三位に叙された。これで藤原時平と同じ官位となる。

道真の官位を整理すれば、従三位・中納言・左大弁・式部大輔・侍従・遣唐大使・春宮亮である。なお、時平は、従三位・中納言・右近衛大将・春宮大夫である。

一一月一三日、道真は春宮権大夫(ごんのだいぶ)を兼ねた。それまで春宮亮として、春宮坊の次官であったのだが、権官という定員外の形で、藤原時平と同じく大夫（長官）となる。これまで藤原時平の下位であった道真だが、雁行(がんこう)する形となった。

寛平八年春の遊覧

寛平八年（八九六）となった。道真は五二歳である。

閏正月六日、宇多天皇は野遊(やゆう)を行った。北野に赴き、斎院(さいいん)を訪れ、雲林院(うりんいん)に到った。さらに船岡山に行き、狩猟を行った。斎院、雲林院、船岡山は近接する。この日は子の日で、子の日の野遊である。子の日に宴を行うこと自体は奈良時代にも見え、また嵯峨朝以後にも散見するが、野遊はこれ以前にない。

この日、宇多天皇ら一行は、船岡山に登って狩猟を行った後、下りて、山野で若菜を摘み、天皇に奉った。子の日に若菜を摘んで羹を調理するのは世俗の風習であったが、これを端緒とするかのように貴族社会に取り入れられていく。宇多朝には民間行事が宮中に取り込まれることが指摘されているが、これもその一つである(『平安朝の年中行事』)。

このときの記録は、紀長谷雄が詳細に記していたが、現在は一部が欠けた形で残る(紀家集・巻一四)。また、この行幸に扈従した道真が感歎に堪えず作った詩序と詩が残る(文草・巻六)。

二月二三日には神泉苑に行幸があり、詩宴(密宴)が開かれ、「花の間に管絃を理える」という題で詩を詠んだ(同巻六)。

このとき、同時に文章生試が同題(花間理管絃)で行われ、三人が及第した。文章生試は、式部省管轄で、式部省を場所とするのだが、今回は詩宴に引き続き神泉苑で行われた。神泉苑行幸という遊宴の一環となっており、試験の形骸化とも思われる方式である。

この詩宴での詩序は、道真の嫡子菅原高視が執筆している(含英私集詩序抜萃)。高視はこのとき、文章得業生であったか。このときの文章生試で及第したなかに、紀淑望がいる。

淑望は紀長谷雄の一男である。道真、長谷雄の子息がともにこの詩宴に参加していた。

検税使派遣問題

七月五日、道真は検税使派遣の可否をあらためて検討することを請うた（文草・巻九）。以下、阿部猛『菅原道真』、平田耿二『消された政治家 菅原道真』の成果によって述べよう。

検税使とは、諸国に赴いて税の帳簿上の記載と実際の量を検査する役割を持っており、帳簿と合わなければ国司は不正として告発される。しかし、この派遣に道真は反対した。自分は讃岐という一国しか知らないが、検税使の派遣はすこぶる国司の業務への支障となるだけだと主張したのである。

その会議では、大納言源能有以下二、三人が道真に同意したが、重ねて議論し、帳簿を監査し、余剰があればそのうち半分、あるいは三分の一を国司に戻すという妥協案が出て、可決された。しかし、道真はどうしても納得できなかった。そもそもこの案件が出たのは、帳簿外の余剰でもって、費用の不足を補おうとしたからである。その名目通りなら公益も多いが、実はそうではないといい、三点を理由として挙げている。

一点目。諸国の実情を見れば、帳簿外の余剰分は、民に無利息で貸す出挙稲の代わりにしたり、調庸や租税の欠を補うものとして使われている。私物化しているのではなく、非常用として活用しているので、それを余剰だからといって摘発すべきではない。

二点目。余剰分の多くは穂に付いたままの稲で品質が悪く、通常一束から枡で米五升が取れるのに、米三升以下にしかならず、これを収納しての利がない。

三点目。検税使として選ばれた七人は多忙であり、例えば、左中弁平季長は、宮中で必要な人物だし、紀長谷雄は、大学寮で『文選』の講書を行っている。左大史望材は、本職多忙なうえに山崎の橋のことを担当しているなど、彼らが諸国東西へ出て行けば、中央での職務が滞るだけである。

以上三点から道真は検税使派遣の可否をあらためて検討するように要望する。

道真がいったん決まった案件について再検討を要請したのは、地方政治をよく知っていた越前守小野葛絃が検税使派遣を聞いて心配し悩み苦しんでおり、道真と同じ立場であった源能有以下が内心歎いていたからだという。

諸国の情況はそれぞれ小異があり、その政務も一様ではない、世が疲弊していればなおさらである、だから国司は法に反していようとも、私利のために行っているのではない、と道真は主張する。

しかも、国法に背いてでも情況に応じて最善の方策を採るのは、以前から行われていた。

再検討要請の背景――国司と紀伝道と断章取義

七〇年ほど前、天長元年(八二四)八月二〇日の太政官符に「良吏を選ぶこと」という条があり、すぐれた地方官を選ぶ重要性が述べられている。そこでは「現今、良い地方官を任じることは極めて重要であるのに、任じられた国司たちは、法律に拘束されて思う存分治績をあげられない状況であるので、今後は特に精選した守・介を任命し、成績が上がれば褒美も出すことにしよう」（『律令国家の転換と「日本」』）という。

この太政官符には「反経制宜」という言葉が引かれており、本来の原則に反してでもよい手段を取ることが肯定されている。つまり法律に拘泥することなく柔軟に対処するのである。こうして選ばれた良吏（地方官）には、紀伝道出身者が多かった。この点は第3章でも指摘したが、紀伝道出身者こそが、柔軟に現場に対応できる教養を持っていると期待されていたのである。これは阿衡事件に関わって紹介した、「断章取義」と通底している。

明経道の儒家が、儒教の経典（経書）に示された語義にこだわるのに対し、紀伝道の儒家は、その言葉の意味を、もとの経書の文脈から外して新たな意味で用いることがあり、それは文章を執筆する目的によるのである。もともとの原則・原義に拘泥せず、その場その場、また文脈に応じて柔軟な態度を取る、それが紀伝道の方法であった。道真の検税使派遣再検討の要請も、こうした紀伝道的教養から発したものといえよう。

ただし、検税使が結局停止されたのか発遣されたのかは不明である。

「朕の近習」、「大師」として

七月一三日、宇多天皇から道真に口勅があった。「検非違使別当の源光が獄中の囚人数を記録して奏上した。自分は自ら獄に行って実際に会って、囚人たちを許して帰したいのだが、そうもいかない。汝は、「朕の近習」で「大師」である。罪人を並べて確認し、実情によって、獄に戻し、あるいは放免し、朕の願うようにせよ」と。

道真は、その日の早朝に、左少弁源唱、大外記多治有友、左大史大原氏雄らを引き連れ、右衛門府に行った。検非違使が罪人を並ばせて、南門の外の大路に控えていた。道真は検非違使を呼び、罪の軽重を説明させた。そして宇多天皇の願いに基づき、ただちに放免し、重ねて罪を犯せば決して許すことはないと伝えた。罪人らは地に伏して嗚咽し、天を仰いで嗟歎した。道真はこれらの事情を記して天皇に報告した（「囚人の拘放を復奏する状」文草・巻九）。

罪人に対する宇多天皇の考え方も興味深いが、そもそも道真は職掌としては罪人に直接関わらないはずである。宇多天皇が道真に依頼したのは、道真が「朕の近習」「大師」であったからである。「大師」とは、ここではすぐれた学者、先生の意で、学問の師と理解してよかろう。宇多天皇にとって近習かつ学問師なのが道真だが、罪人の放免に関してまで、宇多天皇は道真に行わせているのである。宇多天皇側近としての道真の立場がうかがわれる。

これに通底する事象として詔勅の執筆がある。道真は讃岐から戻った年、官界に復帰する前に、宇多天皇の詔勅を執筆していたことは先に述べた。この年にも、中納言という身分にありながら宇多の詔勅を執筆している（同巻八）。宇多天皇は、以前も「朕の博士」橘広相に、内記ではないにもかかわらず、詔勅を書かせていた。阿衡事件の発端も橘広相作の勅であった。宇多天皇は道真に対しても橘広相と同じように、朕の博士、近習、大師として詔勅を書かせていたのである。儒家でありかつ側近という立場が、このような詔勅執筆が行われる要因であったのだろう。

七月一六日に、右大臣藤原良世が左大臣に転じた。実質的な首班の源能有が、空席となった右大臣に任じられた。左近衛大将、東宮傅兼任である。

これで、左大臣藤原良世を除くと、右大臣源能有、大納言は空席、その下に、従三位中納言として、藤原時平、源光、菅原道真が並ぶ。源能有、源光、道真が同年の五二歳、時平が二六歳である。

八月二八日、道真は民部卿を兼任した。道真は二二年前に民部少輔を三年間務めた経験があった。民部省は、戸籍、課役、交通田地など諸国の民政や国家財政に関わる省で、極めて多忙である。若き道真がその多忙さを「劇官戸部郎」と詠んだことはその際述べた。

中納言となり、多忙な民部卿を兼任しても、道真は宮廷詩宴（重陽宴、九月十日宴）に出席し、前者では「菊花は晩酔を催す」という題で、後者では「秋深し」という題で漢詩を詠んでいた（同巻六）。「詩臣」を標榜することはこの時期なくなっていたが、公宴、密宴に限らず、宮廷詩宴で、王沢を歌うことを自らの務めとしていたのである。

文選竟宴

一〇月一九日、大学寮北堂で行われていた、文章博士紀長谷雄による『文選』の講書が終わった。恒例の竟宴(きょうえん)(講書終了を祝う宴)が行われ、道真も出席して詩を詠んだ(「北堂文選竟宴…」文草・巻六)。通常、竟宴には講書に参加した者が出席する。つまり道真も講書に参加していたことになる。

竟宴では、講読したテキストから抜き出された一句を題として詩を詠む。道真は、「月のおもしろさに乗じて潺湲(せんかん)［さわやかな音をたてる水］を弄(たの)しむ」という句が当たり、一六句の古調詩を詠んだ。

道真が題辞に付した自注によれば、仁寿年中の『文選』竟宴で、父菅原是善が「樵隠(しょういん)は倶(とも)に山に在(い)る」を課せられて古調詩を詠み、「所懐」を多く述べたが、自分もそれに倣(なら)って詩に寄せて志を言うのだという。

事実、是善は仁寿元年(八五一)四月五日から『文選』の講書を行っている。その竟宴で詠んだのであろう。作品は残っていない。菅原是善が課せられた「樵隠倶在山」は、南朝宋の謝霊運(しゃれいうん)「田の南に園を樹(た)て流(ながれ)を激(そそ)ぎ援(かき)を植える」(文選・巻三〇)の冒頭句で、道真の「乗月弄潺湲」は、同じく謝霊運「華子崗(かしこう)に入る。是(こ)れは麻源(まげん)の第三谷(だいさんこく)である」(同巻二六)のなかの句である。

文選三十巻
古詩一五言
五言何秀句
乗月弄潺湲
半百行年老
尚書庶務繁
雖思楽風月
不放到丘園
非唯無所楽
悠悠有所煩
水空触眼逝
月暗過頭奔
惣為貪名利
亦依憂子孫
此時玩斯集

文選、三十巻のなかの、
古詩の一五言のなか、
その五言では何が秀句なのか。
「乗月弄潺湲」である。
半百となり行年も老いてきたし、
尚書〔民部卿〕は庶務が繁しい。
うつくしき風月を楽しもうと思う雖も、
うつくしき丘園に到ることを放されない。
唯楽しむ所が無いだけではなく、
悠　悠って煩う所が有る。
水も空しく眼に触れてながれて逝き、
月も暗かに頭のうえを過ぎて奔りさっていく。
惣べて名利を貪ぼろうとする為なのだ。
亦子や孫を憂えることに依るのだ。
しかし此んな時でも斯の集〔文選〕を玩しめば、

如避世喧喧　世の喧喧さから避れられるかの如くである。

『文選』三〇巻に収められる作品で、五言古詩の句で一番よいのが「乗月弄潺湲」と称揚する。そのうえで、五〇歳を越して年老い、民部卿として庶務に煩わされるため、美しい景色(「風月」)を見に「丘園」に行こうとするけれども許されない。「風月」とは風や月に代表される美しい景色をいう。詩を作る感興をかき立てる景色である(「「風月」攷」)。

つまり、民部卿という激務のために詩を作ることもできないと歎くのである。そんなふうに楽しみがないだけではなく、煩い事がある。だからこそ、『文選』中の秀句とされた謝霊運の句のように水や月を見ても、空しくほのかに通り過ぎていくだけなのだ。そんな気持ちになるのも、名誉や利益を追い求めるため、子どもたちのことを心配するためだ。しかし、そんなときでも『文選』を楽しめば、思い煩う騒がしい世の中を逃れたような心情になる。

詩に寄せて志を言うと注記しているように、当時の道真の心情が表現されている。民部卿という職は激務なだけに、職務に精励するという道真の性格もあり、道真にとって大切な、詩作ができないのである。

後半に記されるように、道真は決して世俗を超越した人間ではない。「名利」を貪ろうとも思うし、子どもたちが心配でならないのである。大学寮での竟宴という、道真にとっては、自分が学び、教授した場で、現在の思いを詠んだのである。同じく集団のなかでの詩作とはいえ、宮廷詩宴とは異なる内容の作品といえよう。

娘の入内

一一月二六日、娘衍子が女御となった。母は宣来子である。この頃宇多天皇の後宮には、藤原基経娘の女御温子、斉世親王の母、橘広相娘の女御義子らがいた。皇太子の母藤原胤子はこの年六月に没している。道真が娘を女御とした経緯は史料的にはわからない。

寛平八年（八九六）は、宇多天皇側近として多事多端であったが、そんななかでも道真は依頼されて代作している。一つは、「藤相公」（参議藤原高藤）が参議の辞職を願う状（文草・巻九）で、もう一つは、「両源相公」（参議源湛、源昇）が亡父源融の一周忌の法会を行う際の願文である（同巻一二）。宇多天皇の側近として勅を書くような事情とは異なり、儒家、文章家としての評価の高さからなのであろう。これほど高官になっても代作する道真の心境も興味深い。

5　宇多天皇の譲位——上皇の側近、天皇の功臣として

寛平九年——宇多朝の最終年

寛平九年（八九七）となった。道真は五三歳。正月三日、尚侍藤原淑子が封戸を円成

寺に施入する願文を代作した（文草・巻一二）。淑子は基経の妹、藤原氏宗の妻で、宇多天皇の「養母」であった（宇多天皇日記・寛平九年六月一九日条）。円成寺は淑子の建立になる。この願文を道真が代作したのは、やはり宇多天皇との関係であろう。本願文によれば、円成寺の一々の「荘厳」は「聖慮」によったとあるので、宇多天皇の多大なる援助があったのだろう。

この春、一二歳になったばかりの斉世親王が自邸で詩宴を開いた。道真は出席して詩を詠んでいる（「第三皇子の花亭に陪し、春酒を勧む」同巻六）。当代の大儒を自邸に招こうと斉世親王が考えたかとも思われるが、のちに道真娘と婚姻を結ぶことを勘案すれば、宇多天皇が、斉世親王の後見を道真に依頼しており、この詩会も道真の後ろ盾のうえで開かれたと考えられる。

三月二三日には宇多天皇の勅を奉じて、雑薬を三宝衆僧に施す際の願文を代作している（同巻一二）。

五月一三日、道真は中納言として太政官符を作成させたが、その肩書が「遣唐大使中納言従三位兼行民部卿左大弁春宮権大夫侍従」で、遣唐大使として見える最後である。六月一九日に権大納言に任じられる際に離れたと考えられる。この年までは大使として渡唐する可能性はあった。

源能有死去

五月に左大弁を離れた道真は、六月一九日に権大納言に任じられ、同日、右近衛大将を兼ねた。民部卿と春宮権大夫は兼任のままである。これはこの月八日の、右大臣源能有の死去と関わる。

道真と同日、藤原時平は大納言に昇り、左近衛大将を兼ね、源光も道真と同じ権大納言となり、按察使（地方行政監督機関。ただしこの頃は名目のみ）を兼ねた。藤原時平のみが正官の大納言で、道真らは権官となったところに差が設けられ、筆頭公卿は時平となった。

寛平七年（八九五）に道真が中納言に任じられて以降、つまり、大納言源能有が事実上の筆頭として中納言藤原時平、道真、源光という体制となって以後、太政官の下達文書の責任者を見ると、源能有、藤原時平、道真に集中しており、光は見えない（「〝寛平の治〟の再検討」）。この頃の政務の中心はこの三人であって、源能有没後、源光も昇進するが、光孝天皇の弟で宇多天皇の叔父という家柄からであったのだろう。

道真は源能有とは長い交友があったが、その死に際してどのような心情を持ったかは、死去を悼む作品もなくわからない。個人的な関係はもちろんにしても、昇進し政治に携わる責任が増大する道真にとって、上位にいる源能有は頼るべき存在であったろう。源能有の死によって、藤原時平とともに政権運営を担当する重大な責任を負うことになる。しかも、宇多天皇が譲位することによって、新帝の輔弼を藤原時平とともに行うように宇多天皇から命じられるのである。

皇太子元服、宇多天皇譲位

七月三日、皇太子敦仁親王は清涼殿で元服した。一三歳。春宮大夫藤原時平が御冠をつけ、それに権大夫道真が手を加え、左中将藤原定国（敦仁親王の外叔父）が髪を理えた（『外記日記』）。そして即日、宇多天皇は皇太子に譲位した。譲位の儀の内弁（儀式を取り仕切る責任者）を藤原時平が、譲位の宣命を新帝に伝える宣命使を道真が務めた（践祚部類鈔）。

譲位に伴い宇多天皇は詔して、「大納言藤原朝臣〔時平〕、権大納言菅原朝臣らに、奏すべきこと請うべき事について、且くその趣を〔新帝に〕誨えて、これを奏し請え。宣すべく行うべき政を、その道を誤ることなく、これを宣しこれを行え」と命じた。

天皇に奏上し裁可を請うこと（「奏請」）は、まず藤原時平、道真が確認し、内容を天皇に伝えて、命令を下達して実行させよ（「宣行」）というのである。つまり、藤原時平、道真の指示のもと天皇への「奏請」、天皇から命令の「宣行」が行われることになる。この二人に政務が委ねられたといってもいい勅命である。

譲位については、先述したように二年前に道真は宇多天皇から相談に与り、天の時ではないと反対したのだが、今回は、必ず果たすべきだと主張した。しかし、『寛平御遺誡』によれば、七月に入って譲位のことが世間の噂となり、宇多天皇は延期しようと考えたが、道真が「大事は再挙すべきではない、事が留まるときは変が生じるのだ」といって譲位を断行させたという。新帝即位に関わり道真が重大な役割を果たしたのである。

こうして道真は、単なる儒家官僚としてではなく、天皇を補佐する政治家として、藤原時平とともに政権のトップとして政治を担当することになった。

宇多朝の和歌と道真

新帝醍醐（だいご）の時代に入る前に、宇多朝の道真について触れ得なかったことを述べる。文学、ことに和歌についてである。

宇多天皇は内宴、重陽宴以外にも、多くの密宴（曲水宴、九月後朝宴など）を開いたことはすでに触れた。それは漢文学史上でも注目すべきで、宇多朝は、天皇自身の漢詩文への積極性がうかがわれる時代でもあった。

また、文学上でいえば、和歌が公式な場に出つつあり、醍醐朝の『古今和歌集』勅撰に繋がる時代としてとらえられている。

例えば、宇多天皇は歌よみに和歌を献上させている。なかでも、大江千里（おおえのちさと）に古歌献上を命じたところ、儒学を学んだために和歌は得意ではないという理由で、漢詩に基づいて詠んだ歌を集成した『句題和歌（くだいわか）』は著名である。

このあたり、宇多天皇が勅撰和歌集の編纂を企図していたのではないかという見解もある。

ただし、宇多天皇が和歌を献上させた人物は、殿上人など近臣、六歌仙をはじめ歌よみとして著名であった人物の子孫（重代の歌よみ）、あるいは、和歌が得意とはいえない漢詩人たちである。これらは、漢詩が詠まれる密宴で召される人物と同じ構造を持っている。歌よみが専門家だと考えれば、密宴に召される儒家はそれに当たる。それ以外は主として、宇多の近臣・近親である（「宇多・醍醐朝の歌壇」）。

また宇多朝では歌合（歌の作者を左右に分けて、その詠んだ歌を一首ずつ組み合わせて優劣を競う）の開催もよく知られるが、宇多天皇自身が主催して歌合を開いたのではない。この時代を代表する歌合として『寛平御時后宮歌合』があるが、后宮（班子女王。宇多天皇の母）主催の歌合である。宇多天皇が後援していた可能性もあるが（新撰万葉集序）、宇多天皇が直接的に表に出ない点が重要であろう。

宇多天皇が主催した和歌行事としては、『寛平御時菊合』があるが、物合であり、和歌は菊に付されただけで、和歌を詠むことが主ではない。その意味で、天皇主催の和歌行事とはいいにくい。

この菊合に和歌を献じた者で、名がわかるのは、素性、紀友則、そして道真である。素性は六歌仙の一人遍照の子で、重代の歌よみである。紀友則はのちに『古今和歌集』の撰者となるが、その父紀有朋の和歌を惟喬親王が求めたことから（古今和歌集・哀傷）、友則も重代の歌よみといえる。そして、道真は宇多天皇の近臣である。

そもそも菊に付される和歌に作者名は記されていなかったと思われるが、これらの人々に和歌を依頼したわけで、道真とて積極的に詠作したというよりも、宇多天皇の近臣として、宇多からの命があったので詠んだだけではなかったろうか。

ちなみにこのときの道真の歌は「秋風の吹き上げに立てる白菊は花かあらぬか浪の寄するか」で、白菊を浪に喩(たと)えた見立ての歌である。見立ての技法は『古今和歌集』の歌に多く見られるが、漢詩文に学んだ表現である。

和歌史という視点から考えれば、天皇が深く関与し、『古今和歌集』勅撰を醸成したと評価できるが、漢詩文も視野に入れれば、和歌よりも漢詩文作成が重視されていることは明白である。それは密宴の頻繁な開催に比べ、和歌会が宮中では行事として開かれていないことに顕著に表れている。

新撰万葉集と道真

なお、道真撰とされる『新撰万葉集』がある。収載される和歌が、『寛平御時后宮歌合』など歌合歌で、上下二巻で構成される。上下巻それぞれに序文が付いている。下巻序には延喜一三年（九一三）の年紀があり道真撰とはいえないが、上巻は寛平五年（八九三）九月二五日の日付がある。これが道真撰とされるのは『日本紀略』寛平五年九月二五日条に「菅原朝臣が新撰万葉集二巻を撰進(せんしん)する」とあること、また本集が『菅家万葉集』と呼ばれることが根拠となっている。だが、序文には道真の名は一切出ず、唐突に「先生」などと記されており、先生とは誰なのかいかにもわかりにくく、身内的文章で、極めて狭い範囲にしか通用しない私的な選集であるという評価が妥当であろう（「古歌と『万葉』」）。

『新撰万葉集』は、和歌一首に、和歌の内容を、いかにも漢詩的に仕立て直した五言絶句を配すめずらしい構成の集である。『菅家万葉集』という呼称は一一世紀頃から見られ始め、この時期から道真撰だと考えられていたことになる。本集については、道真撰か仮託か周辺に資料がなく明確な結論は出ていないが、現状では、ひとまず道真撰だと考えられている。

『古今和歌集』成立前夜の和歌と漢詩の交流を示す資料として興味深い集である。

このように和歌でも道真は宇多朝では関わりがあるが、しかし、道真の本領は何といっても漢詩文である。それは頻繁な密宴への参加、文章の代作が公卿に昇っても続いている事実が雄弁に語っている。そもそも、和歌は私的に詠まれるもので、この時代は公的に認められてはいなかった（「宇多・醍醐朝の歌壇」）。

醍醐朝始まる

醍醐天皇は即位時一三歳で、だからこそ藤原時平と道真の両名が輔弼・補導の任に就いた。この両名について、宇多天皇が醍醐に与えた『寛平御遺誡』に次のように記されている。

藤原時平は「功臣の後」で、「政理に熟（くわ）しい」。また「第一の臣」なので「能（よ）く顧問に備え、その補導に従え」という。「功臣」とは、光孝天皇を擁立し、宇多天皇を輔弼した藤原基経を指す。光孝―宇多皇統を誕生させ維持した功臣の後として藤原時平は意識されており、さらには、政務に詳しいから、顧問として補導に従うようにと戒めている。

道真は、「鴻儒」（大学者）であって「深く政事を知っている」。また醍醐天皇の立太子、即位についても相談した。つまり、「朕の忠臣というだけではなく、新君の功臣」である。両名ともに政に詳しく、光孝―宇多―醍醐という皇統確立の「功臣（後）」なのである。

醍醐天皇が天皇の位を譲り受けるとともに春宮坊の官人はその職から離れた。

七月一三日、醍醐天皇は大極殿で即位儀を行った。『天祚礼祀職掌録』によれば、即位儀を担当する内弁は道真が行った。同日、叙位があり、藤原時平と道真はともに正三位に叙された。道真と同位同職であった源光は漏れ、道真は源光を超えたことになる。

道真は、弟子の藤原菅根に従五位上を授けることを願う状を新帝醍醐に提出した（文草・巻九）。先に述べたように、菅根は、多忙の道真に代わって皇太子に儒教の経典を教授する役割を担い、その役割を怠ることなく誠実に果たしたうえに、対策及第から七年経ち、また四三歳という年齢であるのにかかわらず、同輩に後れを取っているので、特に従五位上を加えて欲しい、と道真は願ったのである。正六位上の藤原菅根は、この一三日、従五位下と一階昇叙したのみであった。

七月二二日、蔵人頭兼右大弁の平季長が没した。七月五日に、醍醐天皇の叔父藤原定国とともに蔵人頭に補された平季長は、『寛平御遺誡』に「深く公事に熟しい」「大器」であると評されている。道真は、讃岐守時代、一時帰京したときに平季長と詩のやり取りをしていたし、検税使派遣問題のとき、「宮中必須の人」と評していた。このような側近である蔵人頭を亡くしたことは、醍醐天皇はもちろん、醍醐を輔弼する道真にとっても痛手であったろう。

七月二六日、宇多上皇母、皇太夫人（天皇の生母である夫人の尊称）班子女王が皇太后となり、宇多天皇女御の藤原温子が皇太夫人となった。温子は藤原基経娘で、阿衡事件が終結を見る頃に宇多天皇に入内したことはすでに述べた。温子が皇太夫人となったのは、醍醐天皇の養母であることによる。醍醐天皇の母、藤原胤子はすでに亡く、醍醐即位後、追尊して皇太后となった。皇太夫人となった藤原温子に付された官司である中宮職の長官、中宮大夫に道真は任じられた。

嫡男高視、大学頭となる

この頃、道真の嫡男、菅原高視が大学頭に任じられた。前任の紀長谷雄が五月二八日に式部大輔に任じられて去った後任である。

高視は寛平五年（八九三）に文章得業生に補されていたが、「成業に及ばず、俄かに従五位下に叙され、大学頭と為った」（北野天神御伝）という。「成業に及ばず」とは対策を受験する、あるいは対策及第する以前という意味であろう。通常、文章得業生となれば、対策を受験し合格して官僚となるのだが、高視はそうではなかったというのである。

道真は得業生となり対策に中上の成績で及第し、位階が三階昇るはずが、一階しか上がらずに正六位上になったことは第1章で述べたが、高視はその位を一気に超えたのである。しかも大学頭に任じられるのも破格である。得業生が対策及第して任じられる職としては、少内記（しょうないき）や式部少丞（しきぶのしょうじょう）などが通例で、大学寮の官でも三等官の大学允（だいがくのじょう）である。道真の父菅原是善は大学大允（だいじょう）であったし、道真は数日の玄蕃助（げんばのすけ）を経て少内記に任じられた。これらは官位相当でいえば六、七位の官である。

しかし、大学頭は、大学寮の長官で、従五位相当である。極めて異例の叙爵・任官といえよう。年齢でいえば、是善は二九歳、道真は二七歳、高視は三二、三歳で、父や祖父より上だが、そもそも対策及第者の年齢は三〇代半ばから後半が多く、道真らが異様に早いだけで、高視は対策に及第せずにこの地位に就いたのである。この任官に道真がどのように関わったかは不明である。

醍醐朝初年の詩宴

八月一五日、醍醐朝で初めての詩宴が開かれた。内宴、重陽宴と異なる密宴である。醍醐朝初期は、宇多朝と同様、密宴が開催されるが、徐々に、内宴・重陽宴という公宴のみになっていく。その点は宇多朝と対照的である。醍醐天皇の姿勢は復古的といえる（「宇多・醍醐朝の文壇」）。

その八月一五日の宴にも道真は出席し「秋月、珪の如し」という題で詩を賦している（文草・巻六）。八月十五夜、つまり仲秋に明月を賞で、詩に詠むことは、中国では杜甫に始まるといわれるが、日本では、菅原是善、道真の時代まで見えず、しかも、八月十五夜に月を賞で詩を詠む行事は、「菅家の故事」として世間では知られていた（「八月十五夜、旧を思いて感有り」同巻四）。ただし、元慶四年（八八〇）八月に父是善が没し、八月が忌月となったために廃された。それが、宮中行事に取り入れられて開かれたのが、この密宴である。

九月九日、重陽宴が開かれた。醍醐朝でも、内宴・重陽宴という公宴は基本的に開かれ続ける。単なる遊興ではなく公事だからである。もちろん、道真も出席し詩を詠んだ（「九日侍宴、群臣の茱萸を挿むを観る。応製」同巻六）。

宇多朝であれば、重陽宴の翌日には、密宴（九月十日宴、九月後朝宴）が開かれていた。醍醐天皇もその治世の初期には開く場合もあったが、この年は、宇多が上皇として、譲位して御在所とした朱雀院で催した。道真は「閑居、秋水を楽しむ」という題で詩序と詩を残している（同巻六）。他の参加者は、紀長谷雄の詩が『類聚句題抄』に残り確認できるが、他は未詳である。宇多上皇がどのような人物を招いたか明らかではない。

こうした詩宴に、道真ら在位中の近臣だけを招き、例えば、藤原時平を召さなかったとすれば、宇多上皇・道真らと、時平らの対立といえようが、そこは明らかにできない。

この年、おそらく晩秋の頃、宇多上皇は船遊の御幸を行っている。これには藤原時平が従った。大納言藤原時平が参加している以上、それなりに規模の大きい御幸であったと思われる。道真は行けなかったらしい。藤原時平は、その道真に漢詩を送り、道真はそれに応えた（「敬しみて左大将軍の太上皇の舟行に扈従して…寄せられし口号に和し奉る」同巻六）。

吟詩恰似奉舟行　〔あなたの〕詩を吟じてみれば恰も舟行に奉えたかの似くだ。
不見従流自感情　〔舟行に参加できず、水の〕流に従うことを見なかったけれども〔あなたの詩を詠んで〕自から情に感じた。
無限恩涯知止足　〔上皇の〕限無き恩涯に〔私は〕止足を知っている。
何因渇望水心清　何因して水心の清きを〔これ以上〕渇望しようか。

この詩は藤原時平の詩を称えつつ、これ以上、上皇の恩恵を望まない道真の、止足（欲を出さずにとどまること）の分を弁えた謙虚さが表された作品である。道真が上皇の恩恵に触れるのは、藤原時平の詩にも詠まれていたからであろう。宇多上皇の舟行を題材に、藤原時平、道真が上皇の恩恵を称えた詩を詠み合ったと考えられる。この両名は、宇多上皇の勅命によって、醍醐天皇を輔弼する役割を果たしているのであり、内心はともかく、協調する必要があった。

非難される道真――宇多上皇の側近

寛平一〇年（八九八）となった。道真は五四歳である。

四月二三日、任官が行われた。醍醐天皇は、議が終わって、道真を朱雀院にいる宇多上皇のもとへ遣わして、大間書（欠員となっている官職名を列記し新任者の名を書き込む）を持参させ、戻った後、人事を管轄する式部省と兵部省にそれを下した（醍醐天皇日記）。人事異動を宇多上皇に確認させたのである。これが宇多上皇の国政関与を示すかは明らかではないが、この大間書が道真によって宇多上皇にもたらされたというのは、道真が、宇多が上皇となっても近臣であったことを意味しよう。

四月二六日、昌泰と改元された。

この頃、旱魃が続いていた。五月一日、醍醐天皇は道真に命じて、神祇官・陰陽寮に占わせ、また、七社に『金光般若経』を転読させた。八日には一六社に奉幣して雨を祈り、一五日には伊勢大神宮に奉幣し、一七日には石清水八幡宮以下の諸社および興福寺に読経させ雨を祈った。さらに六月二六日には臨時仁王会が開かれているが、これは疫病のためである。道真はこの仁王会のための呪願文を作っている（「臨時仁王会呪願文」文草・巻一二）。

九月四日、道真は宇多上皇に「諸納言等を共に外記に参上させることを請う状」（同巻九）を奉った。

先述したように、前年の譲位の詔で、奏請については大納言藤原時平、権大納言道真を通して天皇に伝え、そのうえで宣行する手続きになっていた。

これに対し他の納言たちは、時平、道真以外は政務に関与できないのだと疑いを持ち、政務をボイコットし、政務を審議する場である外記庁にも出仕しなくなった。宇多上皇の意図はそうではないと、再三説明したが、諸納言は納得しなかった。道真は、自分の業は「文書」(学問)にあり、暇を縫って弟子に伝授をしたい。逆に暇を縫って政務を執りたいぐらいだが、そうなると、藤原時平だけが政に従うことになって、毎日の「頻参」に堪えられようか。そこで、上皇に再度昨年の詔勅の本意を説明し、諸納言を諭して外記庁に参上させて欲しいと要請したのである。

この諸納言たちのサボタージュは、道真への嫌がらせと理解されることが多いが、藤原時平も政務に忙殺されており、道真だけが追い込まれたのではない。醍醐天皇即位からすでに一年以上が経っているが、その間、両名は奏請・宣行を一身に引き受けていた。それについに堪えきれなくなったのであろう。

道真の要請を受けて、九月一八日に宇多上皇は勅を下し、諸納言の疑いは解けたという。ところで、このとき、道真は政務を預かることとともに、学問の伝授も大事だと述べていたが、九月一八日の宇多上皇の勅で誤解が解けたことを感謝する状(同巻九)でも政務と学業伝授を同列に扱っている。道真のこのような態度は、例えば、讃岐時代に、自分は詩を詠むことばかりで、国司の政務に専心することができないといった心情に通じよう。これに比べれば、政務と学問の二者択一でないだけましともいえるが、そもそも権大納言として、政務を担当する職にいる人物が、この二つを同列にとらえていること自体が問題にされてしまうのではないだろうか。

この前後に重陽宴と九月後朝宴が開かれた。前者の題は「菊に五美有り」、後者の題は「秋思、寒松に入る」で、双方とも道真は出席し詩を詠んでいるが（同巻六）、後者は、前年に引き続き宇多上皇が主催して朱雀院で開いた詩宴である。上皇となっても天皇時代と同様の密宴を開いており、道真はそれに出席している。

宮滝御幸

一〇月二一日、宇多上皇は、廷臣（ていしん）を引き連れて吉野宮滝（よしのみやたき）への遊覧に出た。一一月一日に都へ戻るまで一〇日ほどの御幸（ごこう）である。筆頭の大納言藤原時平は参加しないが、次席の権大納言道真は従った。

この御幸に従った者は、宇多の天皇、上皇時代の近臣・近親である。前朝の近臣・近親を集めての御幸や詩宴が頻繁に行われていたとすれば、上皇の近臣・近親、天皇醍醐の近臣・近親との間に対立を引き起こす要因になろう。先の諸納言のサボタージュも、宇多上皇の勅による両名に対するものなので、そうした対立がうかがえないわけではない。

ただしその場合、藤原時平は上皇側である。時平は、宇多上皇の船遊の御幸にも参加していた。しかし、今回の宮滝御幸は、一〇日ほども都を離れる旅で、従った人員は、一昼夜で行われる詩宴や御幸とは違って、宇多上皇にとって格段に近しい臣下と考えられる。

この御幸中、上皇は寺院に喜捨を行い、経済的援助を行う場合もあるが、自由気ままな遊覧という印象が強い。もちろん、道真による御幸の記録「宮滝記」が完全な形で残らないので、このあたりの判断は難しいが、一四歳の醍醐天皇を置いて、一八人もの近臣を率いて遊覧に行く宇多上皇を、残された廷臣たちはどう思ったであろうか。

「宮滝記」の末尾に道真は次のように記している。

> 嗟乎、人の意は同じではない、譬えてみれば猶その面のようなものだ。〔御幸に〕相従う者は実を見て以て頌歎〔褒め称えること〕を為すし、相従わなかった者は、虚を聞いて以て誹謗を為すのである。世の常であり、怪しむべきことではない。

道真がこのように記すのは、宇多上皇の行動を中傷する者の存在を推測させ、宇多上皇の行動自体が、誤解を招きかねないものであったことをうかがわせる。宮滝御幸に参加した者は真実を知るというのだから、批判は、都の醍醐天皇の側に残った廷臣たちから起こり、上皇への、上皇の近臣への「誹謗」となるというのである。

斉世親王の元服

宇多上皇の第三皇子、斉世親王が元服した。紀長谷雄がその祝文を作っており（本朝文粋・巻一二）、日付は記されていないが、「朔旦冬至」というめでたい日に元服を加えると記されているので、一一月一日であろう。先にも述べたように、道真は斉世親王の後見役であったと思われるが、おそらくこの元服後に、道真娘と斉世親王の婚姻がなされたと考えられる。道真は宇多上皇の後宮に娘を入内させ、さらに上皇の皇子を婿取ったことになる。宇多上皇との結びつきを一層強めることになる。

右大臣となる

昌泰二年（八九九）となった。正月三日に朝覲行幸が行われた。天皇が上皇や母后を拝する儀式である。醍醐天皇は、宇多上皇の住む朱雀院へ赴いた。道真は宇多上皇の命に応じて、「殿前の梅花」という題で五言絶句の詩を詠んだ（文草・巻六）。

道真は正月二一日内宴に参加し「鶯、谷より出る」という題で詩を詠んだ（同巻六）。同じ正月に宇多上皇も詩宴を開き、そこでも道真は「春雨、花を洗う」という題で詩を詠んでいる（同巻六）。上皇は在位中と同様密宴を開き、道真はそれに参加している。

二月一一日に除目（大臣以外の官を任じる儀式）が行われ、弟子の藤原菅根が文章博士となった。寛平三年（八九一）から紀長谷雄が文章博士を務めており、この日長谷雄は右大弁に任じられたが、式部大輔・文章博士という兼官はもとのままで、つまり、このときの紀伝道のトップは、道真の詩友、紀長谷雄と弟子の藤原菅根の二名が占めたことになる。

二月一四日、大納言藤原時平が左大臣、権大納言道真が右大臣に任じられた。時平の左大将兼任、道真の右大将兼任はそのままである。兼任の民部卿はこのときに離れたらしい。

二月二七日、道真は右大臣を辞す表を出した（同巻一〇）。このなかで道真は、自分は、身分は「貴種」ではなく、家も「儒林」で、宇多上皇の恩によって抜擢されたと述べている。右大臣の職にふさわしくないというのである。

これに対して、翌二八日に醍醐天皇から使が来て、道真の上表を返却した。つまり、道真の要望を拒否したのである。

三月四日、道真はさらに辞職の表を奉った（同巻一〇）。道真は、漢の大儒でいずれも丞相（大臣）に至った公孫弘と韋賢を引き合いに出し、年は公孫弘よりも二〇歳若く、学問は韋賢に及ばないこと千万里だといい、自分の不適格さを述べる。そのうえ、現在自分よりも下位にいる納言たちも、将軍・大臣となる貴種や、宗室（皇族）の流れを汲んだ人々であり、自分が大学で学んでいた頃には、すでに位も人望も高かったという。学問も年齢も、地位も血統もすべての面で自分は大臣に不適格だと主張する。

同日、醍醐天皇から使が来て、道真の願いは許されないと伝えると、二八日に三度目の辞表を出した（同巻一〇）。今回も二度の辞表と同じく、家柄の低さをいう。そして、家業の儒学によって生計を立てており、生来、資質は乏しいが、学問で上辺を飾っており、図らずも、宇多上皇が自分を抜擢し、現陛下は、東宮時代に仕えた自分をお捨てにならなかった。しかし、小さな過ちを見つけようとする動きは、「栄華」（栄達）とともに鋭く起こり、甚だしい非難は、「爵禄」（爵位と俸禄）が上がるにつれて我が身に及ぶようになった、だからこそ、右大臣という職を辞めて、我が身を保ちたいという。

三度の表で述べられるのは、門地が低いこと、儒者の家系であること、上皇の抜擢によって地位を得たことである。そして、第三表には、中傷が増えてきたと記されている。辞職の表だから額面通り受け取ってはならない面もある。だが、儒学の家系であるという門地が問題にされ、大臣になるべきではない家系で、宇多上皇の抜擢によってここまで昇進したのであり、そのために中傷誹謗があったというのである。

しかし、辞職は認められなかった。道真は誹謗されながらも大臣の職を務めるのである。

この間、三月三日、朱雀院で宇多上皇主催の詩宴が開かれた。道真は詩と詩序を作った（「三月三日…残春を惜しむ…」同巻六）。この頃になると、醍醐天皇は、内宴・重陽宴という公宴のみで、密宴をほとんど開かなくなるので、道真の詩宴活動は、宇多上皇との関係が目に付くようになる。

藤原時平妹の入内

三月五日、醍醐天皇が元服した夜に入内した為子内親王が没した。為子は光孝天皇と班子女王の間の子で、宇多上皇の同母妹であり、醍醐天皇には叔母に当たる。

『藤原師輔日記』（天暦四年〈九五〇〉六月一五日条）に、為子内親王の入内や死去について記されている。それによれば、為子内親王が入内する際、藤原時平の妹穏子も入内させようとしていたが、宇多天皇が班子女王の命を受けて止めたという。その後、為子内親王は出産時に没した。班子女王が聞いた「浮説」によれば、穏子母の霊によって殺されたという。このとき穏子の入内が画策されていたが、このためにまたもや入内はとどめられた。

しかし、藤原時平が強引に入内させる。宇多上皇は怒ったが事が成った後で、もはやとどめることができなかったという。穏子の入内の時期については明確ではなく、翌昌泰三年（九〇〇）四月の班子女王没後とも考えられている（「菅原道真、配流の真相」）。いずれにせよ、藤原時平が強引に妹穏子を入内させたこと、それに対して宇多上皇が怒気を持ったことなど、醍醐天皇と藤原時平の接近、宇多上皇と藤原時平の対立を見ることができようか。

宇多上皇の出家

この年、道真の妻、島田宣来子が五〇歳となった。『北野天神御伝』によれば、宇多上皇の女御である娘の衍子が、母の五〇歳の祝いを行い、その際、宇多上皇も道真邸に御幸した。

そして、宣来子に従五位下の位が授けられた。『北野天神御伝』にしか見えない記事だが、事実だとすれば、道真にとって極めて名誉であるとともに、宇多上皇と道真の緊密な結びつきをさらに世間に広める機会となったであろう。衍子自身が母の五〇歳を祝うのはともかく、そこに上皇がやってくるのは異例だからだ。

一〇月一五日、宇多上皇が東寺で灌頂（仏門に入る際、頭上に水をそそぐ儀式）を受け、二四日に仁和寺で落髪入道した。この間、二〇日に太上天皇の尊号の停止を請う状を醍醐天皇に出した。道真による執筆で、『菅家文草』巻八に四通が収められている。一〇月二四日にはそれを謝絶する勅書が出された。この勅書は紀長谷雄の作である。醍醐天皇の勅書を書くのは、それだけ醍醐にとって紀長谷雄は儒家として評価される人物であったことになるが、すでに『寛平御遺誡』に「長谷雄は博く経典に渉っている。…昇進を憚ることなかれ」と、宇多上皇からの遺戒があって、醍醐天皇が重用していたということもあろう。一一月二五日、尊号は停止されることになった。以下、宇多法皇と呼ぶ。

時平と道真

この年、左大臣藤原時平は、極楽寺を定額寺（官寺の一種）にすることを願う状を出した。道真の代作である（文草・巻九）。極楽寺は藤原時平の父基経が建立しようとした寺院で、完成以前に基経が没し、時平が遺志を継いで完成させ、定額寺にすることを願ったのである。

藤原時平にとって父と関わる重要な奏請であるが、その代作を道真に依頼した。

藤原時平の近くには、儒者として基経時代から仕える大蔵善行がいた。大蔵善行とは『日本三代実録』の編纂も行っていたはずだが、藤原時平は道真に依頼したのである。昌泰二年（八九九）頃の藤原時平と道真の関係は具体的にはわからないが、道真の大宰府左遷は昌泰四年正月である。昌泰三年頃には道真左遷は画策されていたという説もあるが、まだ藤原時平が文章家としての道真を高く評価していたことがうかがわれる。

道真の昇進が誹謗中傷を招いたことは、右大臣を辞す表にも示されていたが、道真が生きづらさを感じていたのは、この年の秋冬頃に詠まれた、「近院山水障子詩」（同巻六）にうかがわれる。かつて源能有邸であった近院の障子絵に付した題画詩六首である。

三首目には「行路難」という表現がある。讃岐時代の作として紹介した漢詩にも「世路難」として見えており、生きがたさを行路の難しさに重ねた表現である。それがこの障子詩にも見える。障子詩という他律的動機でありながら自身の述懐を詠む特徴を持っている。右大臣道真は生きづらさを表現せざるを得なかったのである。

右大将の辞職を願う

昌泰三年（九〇〇）となった。正月に内宴が開かれ、道真は「香風詞」という題で詩を詠んだ（文草・巻六）。めずらしく絶句で、後半では、次のように詠んでいる。

草樹魚虫寒気解
如何七八鬢辺霜

草樹や魚虫ですら〔香風によって〕寒気が解けるのだ、
如何だろうか　七八〔五六歳〕の〔私の〕鬢の辺の霜は。

「鬢辺霜」は白髪を比喩した表現で、五六歳の霜のような白髪を「香風」が溶かしてくれるだろうとの期待を込めた表現とも解せるが、自身の老齢をこのように詠み込むのは、特に内宴のような公宴ではめずらしい。

二月六日、道真は右大将の辞職を請う表を出した（同巻九）。道真が右大将に任じられたのは寛平九年（八九七）六月一九日で、足かけ四年が過ぎていた。「儒館」から出て「武官」を職とし、三、四年来、罪が深く責任が重い、だから大将の職を辞めさせて欲しいと願うのである。

しかし、翌日に醍醐天皇の使（藤原菅根）がやってきて、辞職を認めないという天皇の意志を伝えた。道真はこれに従って右大将を務めたが、夏から秋にかけて「心胸」が塞がれたようになったという。

一〇月一〇日に二度目の辞表を出した（後集・貞享板増補）。自分は醍醐天皇の東宮時代の臣下であったことから抜擢された。当時「謗の声」があったが、醍醐天皇の期待がある以上、戦々兢々としつつも辞職せず務めていた。しかし、いま公卿のなかで、この職に堪える者は五、六人いる。「臣の武官を罷め、臣を永く弓馬の談に含箝させ、臣を専ら花月の席〔詩宴〕に供奉させてほしい」と醍醐天皇に願うのである。

道真は右大臣の辞職を願う際にも、儒家出身であること、宇多法皇の抜擢であることを述べている。醍醐天皇の東宮時代の旧臣であったことをいう場合もあった。宇多法皇や醍醐天皇の抜擢が今の自分の地位を作り上げたのだが、儒家出身の自分にはそれはふさわしくなく周囲から誹謗があった。分不相応な立場であることは自覚しており、誹謗中傷が起こるのもそのためだと考えている。以前と同様に自分の家柄、能力と現状のずれを感じていた。

家集献上

八月一六日、道真は、祖父清公、父是善、そして自身の家集全二八巻を醍醐天皇に献上した（菅家集六巻、菅相公集一〇巻、菅家文草一二巻）。「家集を献じる状」という文書が付されている。『菅家集』『菅相公集』は残らないが、『菅家文草』全一二巻が、ほぼそのままの形で残っているのは、序章に述べた通りである。

家集を献上された醍醐は、道真に謝礼の詩を送った（「右丞相の家集を献ずるを見る」後集）。家集の詩文は「尽く金」であると賞賛し、末尾で次のように詠んでいる。

更有菅家勝白様　　更に菅家が白様〔白居易の詩風〕に勝るということが有る。

従茲抛却匣塵深　　茲従り〔白居易の詩集を〕抛却てて〔白の詩集を入れた〕匣の塵は深くなることだろう。

末尾に付けられた自注によれば、醍醐天皇は、普段『白氏文集』七〇巻を愛読していたが、今菅家の詩があるので、『白氏文集』を開くことがなくなったという。道真は醍醐天皇の詩に感謝して一首を詠み、醍醐天皇の恩の深さを称えた（「臣の家集を献ずるを見るの御製に感じ奉りて…」後集）。

道真は一年前の昌泰二年（八九九）に右大臣に昇り、儒家出身として異例の昇進を遂げた。だが、自覚している通り、まさに異例であり、大臣も大将も儒家としてはふさわしくない職であった。儒家出身でそのような地位に就いたために、誹謗中傷も受けていた。何度も辞職を願う表を、宇多法皇、醍醐天皇に出してきたことはこれまでに触れてきた通りである。しかし、この地位は、宇多法皇、醍醐天皇の抜擢の結果であり、辞職を願い出ても、許されるものではなかった。

翌昌泰四年、道真の人生は大きく暗転する。

第5章

万事皆夢の如し——大宰府への左遷

1　昌泰の変——正月二五日、大宰権帥に任ず

孤立と引退勧告

道真は、儒家としては異例の出世によって妬まれ、誹謗され、また、宇多法皇の側近として醍醐天皇側と対立する存在としてとらえられていたようである。もちろん、道真自身が醍醐天皇に対立する意識を持っていたとは考えにくい。醍醐天皇の立太子、即位に関わり、醍醐の春宮亮をも務めていたからである。問題は、宇多法皇が道真をずっと側に置いていたことであろう。さらには、醍醐天皇の弟、斉世親王と道真娘が婚姻を結んだことは、宇多法皇側に一層接近する意図が道真になかろうとも、醍醐天皇側からすれば、宇多法皇側の立場を取ったということになろう。

道真の左遷が藤原時平の主導によるというのはほぼ通説であるが、道真自身に問題があっ

たという以上に、宇多法皇の、道真に対する過度の厚遇、信頼が要因の一つに数えられよう。

昌泰三年（九〇〇）一〇月一〇日、先述の通り、道真は重ねて右大将辞職を請う表を出したが許されなかった。翌日、三善清行が道真に書簡を送った（「菅右相府に奉る書」本朝文粋・巻七）。清行は五四歳で、五ヵ月前に文章博士に任じられたばかりである。

交際が浅いのに親密な口をきくのも、現在にいて未来を語ることも「妄誕」（でたらめといつわり）だが、その責めは甘んじて受ける、だから道真殿よ寛容をお示し下さい、と始まるこの書簡は、決して親しくはない関係ながら、道真の将来を慮って意見する内容である。

三善清行は学生の頃、「術数」（暦数・占星の術）を学んだ。それによって「明年（昌泰四年）は（干支が）辛酉で、運は変革に当たっている。二月は建卯（北斗星の斗杓が「卯」の方向を建す」で、将に干戈を動かすことになるであろう」と、翌年の干支「辛酉」が革命の運に当たり、二月は武器が動かされるような事態が起こると予想する。そして、この「凶に遭い禍に衝る」のは誰なのかわからないが、「弩を引いて市に射る」ような事態があれば、「薄命」（不幸）な人に当たるであろうという。それが道真だと仄めかしている。そのうえで、道真に引退を勧めるのである。

あなたは学問の世界から引き上げられて大臣の位に昇り、朝廷（天皇）の寵愛によって栄えており、学問の道も華やかで、そんな栄華は、かの吉備真備以外にはない。真備は卑氏族出身ながら、学問にすぐれ遣唐使として唐に渡り、右大臣に至った。その真備以外に学問によって大臣位にまで至った者はいない。だからこそ、すでに十分に栄誉ある地位に就いていることをわきまえ、美しい自然のなかで風流を楽しみ、山のように高い知識を山野に隠した方がよいと、道真に勧める。

三善清行がこの書簡を送った意図は何か。

二人が親密でなかったのは、書簡の冒頭にある通りである。また、清行が元慶五年（八八一）に対策を受験した際、出題したのは、文章博士だった道真だが（文草・巻八）、結果は不合格で、二年後の五月に判定が改められ、丁第で合格している。

当時、対策では不第となっても改判されて合格することはよくあり、成績がもっとも低い丁第（中上）なのも一般的だった。したがって改判自体を清行が怨みに思ったということはなかろうが、二年後の改判にわだかまりは残ったであろうか。

大江匡房（一〇四一—一一一一）の言談を集めた『江談抄』には、対策の際の推薦文に「清行は、才名が時輩に超越している」とあった「超越」を、道真が「愚魯」と書き改めた、清行は重陽宴で漢詩を詠み賞賛されると期待していたが、道真は紀長谷雄の作だけを褒めたなど、二人の不仲を伝える説話を載せるが、史実とは取れない。

三善清行の立場

三善清行はすでに触れた通り、宇多朝では阿衡事件に際し紀伝道側として、藤原佐世、紀長谷雄とともに勘申し藤原基経の意を体した。だが、基経が死去すると、肥後介に任じられる。このとき藤原佐世が陸奥守に左遷されたことはすでに述べたが、三善清行も左遷であったようだ。さらに備中介に任じられ、任期を終え帰洛したときには醍醐朝となっていた。宇多朝の三善清行は、藤原基経の死後、地方官として過ごしたのである。

阿衡事件の時点で、三善清行が藤原基経とどのような交流を持っていたかは不明である。しかし、基経死後に、阿衡事件で基経の意向を忖度したかのような勘申をした二人が地方官に任じられたのは、事件に対する報復人事といえようか（「妄誕の責めを甘受す」）。清行自身が自著『円珍伝』に「清行も亦備州長吏に左遷された」と記している。藤原佐世は奥州から帰洛途中に死に、両名とも宇多朝は不遇のうちに過ごしたのである。

もっとも、彼らとともに勘申した紀長谷雄は、その後、文章博士に任じられ、順調に出世している。これは、宇多天皇の近臣としての地位を獲得した道真との関係によろう。

こうした経緯から三善清行は、宇多天皇、また道真へは穏やかでない心情を抱いていたであろう。清行は、醍醐朝では、昌泰三年（九〇〇）に刑部大輔、文章博士に任じられる。そして前任の藤原菅根の跡を嗣いで『史記』を講じた。三善清行にとって醍醐朝は宇多朝と比べて儒家として極めて順調な時代であったといえる。

「術数」に明るい三善清行は、翌昌泰四年二月が「帝王が命を革める期、君臣が賊に剋つ運」であるという理由で、「預め革命を論じる議」を提出し、前もって「神慮」を廻らし、

「群臣」を励まして「戒厳、警衛」し、「仁恩」によって「邪計」を塞ぎ、「異図」を抑えよと建言する。道真に書簡を送った一〇日後である（本朝文集では一一月二一日）。ここに記される「命を革める」（革命）は、道真宛書簡にも記されていた「辛酉」「革命」に当たる。

この二つの文書の主張している内容は共通しており、翌年が辛酉革命の年で賊の乱が起こる可能性がある、だから天皇が神慮を廻らすべきだし、道真は引退すべきであるという主張である。醍醐朝で儒家として順調に過ごしてきた三善清行にすれば、道真を追い落としたいというよりも、醍醐天皇の忠臣としての行為だったのではなかろうか。

醍醐天皇と道真

三善清行から勧告されたからといって、道真は引退できようか。辞職を願っても、許されないのである。どうにもならない情況に入ってしまっているのがこの頃の道真である。

そんななか、醍醐天皇—藤原時平と、道真の間を繋ぐ立場にいたのが、弟子の藤原菅根である。先に述べた通り、藤原菅根は、醍醐天皇の皇太子時代に、道真に代わって儒教経典を教えていた。醍醐天皇の即位とともに従五位下に叙され、勘解由長官、式部少輔を歴任し、従五位上に昇り、昌泰二年（八九九）二月一一日には文章博士を兼任した。文章博士として五月一一日から『史記』を講じていたが（類聚符宣抄・巻九）、昌泰三年正月二九日に蔵人頭に補され、『史記』講書を中断し文章博士を離れた。式部少輔は兼任のままである。

藤原菅根の蔵人頭・式部少輔兼任は、宇多朝での道真と同じである。ただし、異なる点もある。道真の蔵人頭時代よりも一層醍醐天皇の近臣的立場となる。それは、定員二名の蔵人頭がこの時期、一人になっていたからである。

蔵人頭の上に位置づけられる蔵人所別当は、天皇の意向を聞いて蔵人頭や蔵人の補任を行うことが職掌としてあるが、醍醐朝期で最初の蔵人所別当（史料上、醍醐朝が初見）となったのは藤原時平で、つまり藤原菅根の補蔵人頭は、醍醐の意向を受けた時平の判断である可能性が高い。藤原菅根は皇太子時代から醍醐天皇と近しかったし、醍醐朝で儒家として順調に昇進している。結果的に菅根は、醍醐・時平側に取り込まれたといえよう。

藤原時平はその藤原菅根を蔵人頭に抜擢し、醍醐天皇の側近としたのである。菅根は、宇多法皇側の側近と目される道真とは疎遠になりつつあった。

大宰権帥に落とす

昌泰四年（九〇一）の年が明けた。正月七日に叙位があり、藤原時平、道真はともに従二位に叙された。時平は三一歳、道真は五七歳である。そして、二五日、道真を右大臣から大宰権帥に落とす醍醐天皇の宣命が下された。おおよそ以下の通りである。

朕〔醍醐〕が即位した初、左大臣藤原朝臣〔時平〕らは、太上天皇〔宇多〕の詔に従って、相共に輔け導びいて朝政を行い、今に五年となった。しかし右大臣菅原朝臣〔道真〕は寒門の家柄から俄かに大臣に上り、止足の分を知らず、権力を専らにする心があった。佞諂の情で、上皇の御意を欺き惑わした。そして上皇の御情を恐れ慎むことなく奉行ない、決して上皇の御情を恕らず、〔天皇の〕廃立を行い、父と子の間の慈を離間し、兄と弟の間の愛を破ろうとした。詞は順っても、心は逆っていた。これは皆天下が知る所である。大臣の位に居るのに宜しくない。法律のままに罪を罰しなければならない。しかし、殊に思う所があり、大臣の官を停めて、大宰権帥になし、又右大臣には大納言源朝臣〔光〕を任じる。これは宗廟・社稷を安んずるためである。

これが公式に道真の罪状を記した史料となる。道真は「寒門」（貧しく低い家柄）の出身から大臣に昇った人物ととらえられ、分を知らず専権の心があったという。宇多上皇の心情を思いやらずに、醍醐天皇の廃立を計画し、兄弟の間を裂こうとした、というのは、醍醐天皇の弟斉世親王を天皇に擁立しようとしたことを示す。すでに述べたように、斉世親王は橘広相の娘義子を母とする醍醐天皇の異母弟で、道真娘を妻としており、道真が後見していた。その斉世親王を擁立する、それが兄弟の離間であり、醍醐天皇の廃立に繋がる。宣命で、宇多上皇に媚び諂い欺いたと記すのは、道真が宇多の近臣であり、宇多を後ろ盾として出世したからであろう。

廃立計画はあったか

宣命に記される廃立計画が事実か否かには古くから議論がある。特に斉世親王を擁立して醍醐天皇の廃立を望んだというのは藤原時平側のでっち上げと説かれる。道真六世子孫、菅原陳経の『菅家御伝記』は「藤原時平の讒」と記し、現在でも一般的にはこの理解が多数派であろう。だが、『扶桑略記』延喜元年（九〇一）七月一〇日条に引かれた『醍醐天皇日記』によって、廃立事件自体はあったとの見解もある。宇佐八幡宮へ御幣使として遣わされた藤原清貫が大宰府に赴き、道真の「気色」を伺い、次のような道真の言葉を聞いたという。

自ら謀る所は無い。但、善朝臣の誘引を免れることが能きなかった。又仁和寺の御言に、数承和の故事を奉じるのだということが有った。

「自ら謀る所は無かった」とは、宣命に記された廃立を、自分で計画したのではなかったという道真の言葉だと理解されている。「善朝臣」は源善で、宇多院（宇多法皇の御所の一つ）の院司（院の職員）の中心人物である。先に触れた吉野宮滝御幸にも従っていた。道真とともに左遷されている。その源善の「誘引」を免れなかったというのである。

通常、この「誘引」は、廃立計画への誘いと解釈されている。道真自身は受け身で誘われただけということになる。では源善が主導したのか。源善という中級貴族が廃立を主導することなどできるのか、という疑問も湧くが、憶測を述べれば、宇多の近臣にとっては、自分たちの側にいると思われる右大臣道真が斉世親王を婿取っている以上、斉世が即位すれば、自分たちの立場もさらに上昇すると考えることはあり得るだろう。宇多法皇や道真の思惑を考えず、先走ったのではないか。憶測で強いていえばそのような理解も可能であろう。

続いて、「仁和寺の御言に、承和の故事を奉じるのだと数あったのだ」という言葉が記されている。「仁和寺」は宇多法皇を指す。「承和の故事」を、六〇年前の承和の変と重ねて、宇多法皇が承和の変について何度も話したのだと解釈し、宇多を廃立計画の首謀者とする説もある。しかし、承和の変は、伴健岑、橘逸勢が、仁明天皇の皇太子であった恒貞親王を奉じて東国に入り謀反を起こそうとして失敗し、皇太子が廃された事件である。謀反を起こすということは、天皇の廃立に繋がるといえるが、しかし、結局は失敗した。とすれば、承和の変を念頭に置いたとしても、あのような失敗になるから自重せよという正反対の解釈もできる。

皇統確立のために早くに醍醐天皇に譲位した宇多法皇に、醍醐天皇を廃立する必然性はないと考えられる以上、源善の先走りに道真が誘われた、と一応は考えておく。『醍醐天皇日記』の史料は、他に傍証がなく、そのまま信ずるわけにはいかない面もある。

近臣たちの対立

醍醐天皇―藤原時平と宇多法皇―道真の対立らしき気配は、道真娘と斉世親王との婚姻（昌泰元年〈八九八〉頃か）、多くの廷臣を引き連れた吉野宮滝御幸（昌泰元年冬）、時平妹穏子と醍醐天皇の婚姻に対する宇多法皇・班子女王の拒否と、藤原時平による強引な入内（昌泰二、三年頃）あたりからほの見える。表面に出るのは、右大臣となった道真への誹謗が端緒であろうか。

道真自身が辞表で述べていたように、この地位の獲得は宇多天皇による。道真の「不次（順序によらない）の登用」（寛平御遺誡）、さらに譲位後も近臣を集めて遊宴、御幸を行ったこと、それが結果として醍醐天皇側と宇多法皇側への分裂・対立を招いたのではないか。もちろん、宇多法皇自身、あるいは醍醐天皇自身にどれほど対立感があったかは疑わしいが、それぞれの近臣たちは別であろう。そのトップに位置するのが藤原時平と道真だが、二人は少なくとも宇多朝までは対立的ではなかった。醍醐天皇の即位時、納言として政務を執っていた二人は、ともにサボタージュにも遭った。それが醍醐天皇、斉世親王の婚姻、譲位後の宇多法皇と近臣の結びつき（たとえ政治的意図がなくとも）などを経て、徐々に対立感が醸成された結果が、この道真の左遷に繋がったのではなかろうか。

宇多法皇、参内できず

道真左遷の知らせを聞いた宇多法皇は、同日、内裏に駆けつけた。左遷を止めようとしたのだろう。しかし、左右の諸陣が警護して通さなかった。そこで宇多法皇は侍従所（内裏の西、外記庁の南）の西門に草座を敷いて終日座した。紀長谷雄が門前に侍し宇多法皇の側にいた。火長（兵士一〇人の長）以上が詰めて参内を許さず、夜になって宇多法皇は帰った。

宇多法皇が参内を試みようとしていたことを、醍醐天皇は知らなかった。蔵人頭の藤原菅根が伝えなかったからである。菅根が完全に藤原時平側に立っていたことが知られる。藤原菅根は、宇多法皇の件を知らせなかったため、翌二六日、大宰大弐に左遷されている。

しかしこれは形式的で、翌日には再び昇殿を許され、二月一九日に式部少輔、そして二一日には蔵人頭に復帰する。

左遷人事

正月二七日、左遷の除目が行われた。表5－1の通りである。

このうち、菅原景行、兼茂、高視が道真の子息である。身分が低く事績がわからない人物が多いなかで、源敏相は吉野宮滝御幸に参加しており、また、源善は廃立を道真に謀ったとされる人物で、特に善は、先述の通り宇多院の院司でもあり、このときの右中将という官は、右大将道真の部下であることも意味する。

道真とその子息の追放が主であることは明白であるが、そのなかに宇多法皇の側近が交じ

5-1　**左遷人事**（『政事要略』巻22・左降除目による）

氏名	元職	左遷後
大春日晴蔭	右大史	三河掾
勝（藤カ）諸明		遠江権掾
菅原景行	式部丞	駿河権介
菅原景（兼カ）茂	右衛門尉	飛驒権掾
源厳		能登権掾
源敏相	左兵衛佐	但馬権守
山口高利	右馬属	伯耆権目
源善	右近中将	出雲権守
和薬貞世	少納言	美作守
良岑貞成		長門権掾
源兼利	前摂津守	阿波権守
菅原高視	大学頭	土佐介

っていることも注意されよう。どこまで計画が具体的であったかはともかく、源善の誘引の信憑性を感じさせる。

道真の子息のうち、官途に就いていた者はすべて左遷された。ただ、この頃文章得業生であった淳茂は、左遷の除目に見えず都に残ったようである。

道真の嫡男高視は、三五、六歳の大学頭で、右少弁も兼任していた。また兼茂は蔵人を兼ねていた。弁官は太政官の実務行政に携わる多忙な職であり、それだけに充実していたといえようし、兼茂は醍醐天皇の蔵人として天皇の側に仕えていた。これからの官途が望まれた子息たちの将来は、ここでいったん断ち切られたのである。

同日、左衛門少尉善友益友、左右兵衛から各一人が、道真を護送する領送使に定められた。前大宰権帥藤原吉野の前例に従って、道真には俸給も従者も支給せず、政務に与ることも禁じられた。藤原吉野は、承和の変で中納言から大宰権帥へ左遷された人物である。道真に対しては、山城・摂津国は、食料や駅馬を支給しないように、また路次の諸国もこれに准ぜよとの命が下された。道真の下向は極めてつらい道のりになった。

2 大宰府での生活

離ればなれになる父子

二月一日、道真は大宰府に向けて出発した。左遷の宣命が下されて六日後である。道真と子息四人は五ヵ所に分かれた。道真は大宰府、高視は土佐、景行は駿河、兼茂が飛驒で、左遷の除目に記されない淳茂は都で学問に励むことになっており、五ヵ所である（「菅原道真の子息をめぐる二、三の問題」）。

息子淳茂は、父道真と河陽（京都府大山崎町）で別れたらしい。大江匡房『江談抄』に引用される淳茂の詩の一句に「悲を尽くしたのだ　河陽で父と離れた昔に」と詠まれている。『江談抄』は後文に、この詩が詠まれた事情を記す。淳茂自身の文章の可能性もあるが、それによれば、道真が左遷された日、勅使に駆り立てられ、河陽に一宿して別れ去った。淳茂は「暁に遥かに〔父の姿を〕拝し、〔このとき〕談って遂に再び逢わなかった」という。

道真が大宰府へ向けて出発した翌日、醍醐天皇弟、道真女婿の斉世親王が仁和寺で出家した。年月日については諸説あるが、道真左遷に縁坐したのだろう。法名は真寂。延長五年（九二七）に四二歳で没した。道真娘との間に、源英明（生年未詳―九三九）という男子がいる。延長五年に蔵人頭に補されるも官職は上がらず、不遇を託ちながら四〇歳に満たずして死んだ。漢詩にすぐれ、『扶桑集』に残る橘在列との二〇余首の贈答詩は著名である。

大宰府への道

道真の道中は詳しくはわからない。のちに大宰府で詠んだ「楽天の北窓三友詩を読む」（後集）には次のようにある。

東行西行雲眇眇
二月三月日遅遅
重関警固知聞断
単寝辛酸夢見稀
山河邈矣随行隔
風景黯然在路移
平致謫所誰与食
生及秋風定無衣

東に行き西に行き 雲は眇眇とただよい、
二月三月 日は遅遅である。
重関は警固していて知聞も断え、
単寝は辛酸く夢を見ることも稀だ。
〔都の〕山河は邈矣く行くのに随れて隔たり、
風景は黯然で〔旅の〕路に在って移りかわっていく。
平らかに謫所に致って誰と与に食べよう。
生きて秋風がふくころに及んでも定っと衣は無かろう。

雲があちらこちらに漂い、のどかな二月三月に道真は大宰府へ向かった。警護が厳しく知人からの消息も絶え、独り寝はつらく夢すら見ない。都の景色は遥か遠くに去り、道中の風景も暗然としている。平穏に大宰府へ到着したものの、食事を一緒に取る者もおらず、秋に寒々とした風が吹いても衣もないだろうという。厳重な警護の西下、配所での孤独で厳しい生活への不安が記されている。

大宰府で人生を振り返り詠んだ二百句に及ぶ長編「叙意一百韻」（後集）でも道中が詠まれているが、ここでは大宰府に到着した場面をあげよう。

税駕南楼下　〔大宰府に着き〕駕を〔大宰府の〕南の楼の下に税いてやすませる。
停車右郭辺　車を〔大宰府の〕右の郭の辺に停めておりる。
宛然開小閤　宛然小さな閤を開いたかのようなところで、
覩者満遐阡　覩る者が遐につづく阡に満ちている。
嘔吐胸猶逆　嘔吐して胸は猶逆するし、
虚労脚且攣　虚労〔衰弱〕して脚は且攣えてしまったかのようだ。

大宰府に到着した道真を見物するかのように、大勢の人が大宰府の通に満ちていた。道真の左遷は、大宰府の人々に恰好の話題を提供したようで、道真は好奇な目に曝され、嘔吐を催すのである。

道真が都を発って八日後の二月九日、三善清行は、左大臣藤原時平に書簡を送り、道真左遷の結果、自分たちも追放されるかと戦いている文章生、文章得業生たちの噂を伝えている。諸司の半ばは道真の弟子であり、彼らを道真の縁者という理由で左遷すれば、「善人」を失う。それに加えて、道真のような「悪逆の主」でも軽い処分で、その門人は教えを受けただけなのだからと、寛大な処置を願った（「左丞相に奉る書」本朝文粋・巻七）。醍醐朝の国政を慮っての進言であろうし、当時文章博士の任にあった清行としては、文章生、文章得業生の動揺は見逃せなかったのであろう。

大宰府での漢詩

都を出立して、三、四ヵ月が経って、道真は「自詠」という詩を詠んだ。

離家三四月　　家を離れて三、四ヵ月。
落涙百千行　　涙を落すこと百千行。
万事皆如夢　　万事皆夢の如し。
時時仰彼蒼　　時時彼の蒼を仰ぐ。

「彼蒼」とは天のこと。すべてが夢のようで納得できない心情を天に訴えるのである。道真は、先にも触れた「叙意一百韻」でも、冒頭で次のように詠んでいる。

生涯無定地　　生涯に定まった地（たちば）は無く、
運命在皇天　　運命は皇天（てん）に在（あ）る。
職豈図西府　　職が西府〔大宰府〕になろうと豈（どう）して図〔予想〕しただろうか。
名何替左遷　　名が何（どう）して左遷に替わるのか。

「運命」は天にあるという道真だが、その天が大宰府左遷をもたらした。だからこそ、いつも「彼蒼」（天）を仰ぎみ、どうして自分が都から追放されたのかと、天に訴えるのである。

到着した際に好奇の視線に曝された道真だったが、九州の地はあまりに都とは違っていた。「叙意一百韻」には、「殺傷」に軽々しく手を下し、「群盗」が肩を並べあっている様子、米を商売する「貪婪（よくぶかい）」者、「行濫（にせもの）」の綿を偽って売る者など、商売のあくどさを描いた部分がある。道真は土地の風俗や習俗に慣れようとするが、なかなか難しい。

道真の子息でも、官途に就いていた者は道真同様左遷されたが、幼い子どもたちは道真に従って大宰府に下っている（「小男女を慰（なぐさ）む」）。しかし、翌年の夏秋頃、一人が夭折（ようせつ）した（「秋夜」)。都から届いた手紙に邸の近況が記されていた。邸の「西門」にあった「樹」は誰かに運び去られ、邸の「北地」には他の人に仮住まいをさせていたらしい。その手紙には「妻子」の「飢寒の苦」が書かれておらず、そのためにかえって道真は「懊悩」した(「家書を読む」、以上、後集)。

都にとどまった道真の親族がどれだけいたかは不明である。先に触れた淳茂ものちに都から離れている。この手紙によれば、「妻」(宣来子か)と他に「子」が残っていたらしい。

延喜改元

昌泰四年(九〇一)七月一五日に改元が行われ、元号が延喜となった。改元の詔書には理由が書かれていた。一つには「辛酉歳」、一つには「老人星」のためであった。「辛酉歳」については、すでに述べた。「老人星」は瑞星で、現れれば、天下太平で寿命が延びるとされており、前年昌泰三年一二月一一日に見えていた。

これ以前、道真が左遷された直後の二月二二日に、三善清行が、改元して天の意志に応じることを請う状を提出していた。そこでは改元すべき証拠として四条をあげている。辛酉革命の歳であること、彗星が見えたこと、老人星が現れたこと、孝謙上皇(重祚して称徳天皇)が逆臣藤原仲麻呂を誅殺して改元したことである。改元の詔書によれば、このうちの二つが理由とされた。

道真はこの詔書を読み、詔書に記された「鯨鯢」という言葉を見て衝撃を受けている。詔書を読んで作った詩「開元詔書を読む」（後集）の後半をあげよう。

茫茫恩徳海
独有鯨鯢横
〈具見于詔書〉
此魚何在此
人導汝新名
呑舟非我口
吐浪非我声
哀哉放逐者
蹉跎喪精霊

茫茫い恩徳の海に、
独り鯨鯢が横たわって有る。〈具しく詔書に見える〉
此の魚は何して此に在るのか。
人は導う　汝の新しい名だと。
〔鯨鯢は舟を呑みこむほど口が大きいというが〕舟を呑みこむのは我が口ではない。
〔鯨鯢は声をあげて潮浪を吐くが〕浪を吐くあのこえは我が声ではない。
哀しいことだ　放逐される者は。
蹉跎いて精霊を喪ってしまった。

「鯨鯢」はクジラのこと。「鯨」が雄、「鯢」が雌である。大魚で、小魚を呑み食べることから不義の人、大悪人に喩える。天子の恩徳が満ちた海に、大悪人たる鯨鯢がいる。それが、道真だという。詔書には「鯨鯢」として、大悪人道真が記されていたのである。

先の三善清行の状には、改元すべき理由として、逆臣藤原仲麻呂の誅殺があげられていたが、「鯨鯢」として道真を記し、逆臣による改元であることも示していたのである。

だから道真は衝撃を受け、私は「鯨鯢」ではない、「鯨鯢」のように舟を呑み込まないし、浪も吐かない、つまり、逆臣ではないと無実を主張する。しかし、追放されてしまった悲しき自分は、もはや魂までも失ってしまったと歎くのである。

なお、この年号を勘申したのは、紀長谷雄であった。紀長谷雄は宇多法皇の側近だったが、道真追放後も朝廷に地位を得ていた。

『日本三代実録』撰上

改元の翌月、道真も編纂に与っていた国史『日本三代実録』が撰上された。先に触れたように、編纂は宇多朝に始まった。『日本三代実録』序文によれば、そのときは、大納言源能有を筆頭に、中納言藤原時平、参議菅原道真、大外記大蔵善行、備中掾三統理平が撰者となった。が、源能有が没し、ついで宇多天皇が譲位したため中絶した。その後、醍醐天皇があらためて左大臣藤原時平、右大臣菅原道真、大外記大蔵善行、同三統理平に詔を下して編纂を再開させたものの、道真が大宰府に左遷され、三統理平が越前に赴任したことによって、撰者は時平と善行のみになっていた。それがこのとき完成した。道真左遷半年後である。

すでに述べたように道真は、『日本書紀』以後の六国史の記事をテーマ別に分類した『類聚国史』を編纂していた。現存するのは一部だが、『日本三代実録』の記事も入れられており、道真の左遷以前に『日本三代実録』はほぼ完成していたと考えられる。『日本三代実録』序文の「右大臣道真朝臣が事に坐して左降され、欻に西府に向かった。斯文〔日本三代実録〕の成立に洎んで彼の臣の謫行に値ったのである」という記述はそれを指そう。

左大臣藤原時平は『日本三代実録』撰上後の秋九月、別荘、水石亭で大蔵善行の七〇歳を祝った。詩宴も開かれ、紀長谷雄による詩序と、藤原時平をはじめ大蔵善行も含め、一九名二五首の詩が『雑言奉和』に残されている。この詩宴については、「文人たちの道真を追い払った勝利の宴」（坂本太郎『菅原道真』）、「道真失脚後の大蔵学閥の勝利の祝宴」（阿部猛『菅原道真』）と評され、菅家学閥と大蔵善行学閥の対立、そして道真左遷によるその勝利を祝う詩宴だと理解されてきた。

だがそうであれば、詩序を執筆した紀長谷雄も道真と敵対した大蔵学閥となる。しかし、詩宴での作品を分析すれば、大蔵善行とそれ以外は、「師」と「門弟子」の語で呼び合っており、これらは学閥を示すような師弟関係を表すのではなく、経書、史書の講書の場での講師と受講生の関係を指す。

この詩宴は、善行が講書を行ったときの受講生が集まり、善行の七〇歳を祝い、また『日本三代実録』編纂の慰労を示すもので、大蔵善行学閥の存在を示すものではない（「大蔵善行七十賀宴について」）。この理解を軸として、道真左遷による儒家たちの動揺を抑え、藤原時平―大蔵善行ラインを確立させるものであったとする見解もある（「大蔵善行七十賀宴と時平」）。いずれにしろ、道真を左遷に追い込んだ勝利の宴であるとは理解できない。

都を思う

秋となり、雁がやってきた。道真はその声を聞いて詩を詠む（「雁を聞く」後集）。

我為遷客汝来賓　我は遷された客であり　汝は来賓だ。
共是蕭蕭旅漂身　共に蕭蕭しく旅に漂う身である。
欹枕思量帰去日　枕に欹りかかって思い量るのだ〔都へ〕帰り去る日を。
我知何歳汝明春　我は何の歳と知るのだろう　汝は明春だが。

雁は秋にやってきて、春に北へ帰る渡り鳥である。雁は北へ、都の方角へ戻ることができるが、私はいったいいつになるのだろう。

都へ帰れると思うのは、無実を信じているからだ。しかし、「月光は鏡に似ているが罪を明らかにすること無く、風の気は刀の如くだが〔私の〕愁を破らないのだ」（「秋夜」後集）。

九月一〇日、前年は、醍醐天皇主催の詩宴に参加し、「秋思」の題で詩を詠んだが、そのときを思い出して詠んだのが「九月十日」で、道真の作品中もっとも知られた作である。

〈 〉で示した自注が四句中三句にわたる。

去年今夜侍清涼　去年の今夜 清涼に侍した。
〈御在所殿名〉 〈〔「清涼」は天皇の〕御在所の殿の名である〉
秋思詩篇独断腸　「秋思」の詩篇だけが独り腸を断ったのだ。
〈勅賜秋思賦之。臣詩多述所憤〉
〈勅があって秋思〔の題〕を賜って之を賦した。臣の詩は多く憤る所を述べた〉
恩賜御衣今在此　〔天皇が下さった〕恩賜の御衣は今此に在る。
捧持毎日拝余香　捧げ持って毎日〔天皇の〕余香を拝すのである。
〈宴終晩頭賜御衣。今随身在笥中。故云〉
〈宴が終わって晩頭に御衣を賜った。今身に随って笥の中に在る。故に云う〉

一年前の清涼殿での詩宴を回想する。第二句目の「断腸」は通常、腸が断ちきられるほどの悲しみを示す表現である。この詩でも、道真が詠んだ「秋思」の詩に痛切な悲しみが描かれていたと解釈されることが多い。しかし、この「断腸」は感動のあまり腸が断たれたという方向で理解すべきであろう（「道真断腸詩篇考」）。第二句の自注では、「秋思」では「憤」

を詠んだという。「秋思」（後集）には、「君〔陛下〕は春秋に富んでおわかく臣は漸と老いてゆきます。〔陛下の〕恩は涯岸無く〔御恩に〕報いようとしても猶遅いのです」と、丞相という地位にありながら、なかなか天子の恩に報い得ないつらさを詠んでいた。それが「憒」に当たる。その道真の「憒」が感動を生じさせ、天皇から御衣を賜ったのである。

道真の左遷は醍醐天皇を廃立しようとした罪である。しかし、道真自身は醍醐天皇から賜った御衣を大宰府まで持ってきて、毎日その「余香」を拝している。忠臣、道真の姿が読み取られる所以であるが、これほどの忠節を詠むのは、無実を主張することにも繋がろう。無実を訴え、都を思う道真だが、それでもこの大宰府の地で平穏を得ようとしている。次の詩もよく知られた作品である（後集）。

不出門　　門を出ない

一従謫落就柴荊　一たび謫落〔追放〕されて柴と荊〔の粗末な家〕に就せて従ら、
万死兢兢跼蹐情　〔罪に〕万死するように兢兢しみ跼蹐にびくびくする情である。
都府楼纔看瓦色　都府〔大宰府〕の楼は〔ここから〕纔かに瓦の色を看るだけだし、
観音寺只聴鐘声　観音の寺も只鐘の声を聴くだけだ。
中懐好逐孤雲去　中懐は好く孤の雲を逐いかけて去き、
外物相逢満月迎　外の物としては満月に相逢い〔満月を〕迎えいれる。

此地雖身無撿繫　此の地に身は撿繫れることはない雖も、
何為寸歩出門行　何為して寸歩であっても門から出て行こうか。

この詩は、道真の怒りや怨恨が読みとられることが多い。それも根底にはあろう。しかし、その苦しみに耐えようとする姿が表現されている。第三、四句は、家を出なくとも、都府楼の瓦が見られるし、観音寺の鐘の声が聞こえる、第五、六句は、自分の身体は外へは出ないが、心は雲を追いかけて外へ出て行くほどに自由で、また満月の光が入ってくるのを外へ出ずとも迎えることができる、と詠み、家から出ずとも、それで満足することができる、だからこそ、外へ出て行かないというのである。家から出られない不自由さを逆手にとって、そのままでも自足できるという方向に持っていくのである。

もちろん、怨み、不自由さはあろう。しかし、このように表現することで、心の平穏を得ようとしているのである。

3　死、その後——北野天満宮の創建

最後の詩

道真が大宰府に左遷されて二年が経ち、延喜三年（九〇三）の年が明けた。春の雪を見て、

道真は次のような詩を詠んだ（後集）。

　謫居春雪　　謫居〔追放された住まい〕での春の雪

盈城溢郭幾梅花　〔大宰府の〕城に盈ち郭に溢れるのは幾の梅の花なのだろう。
猶是風光早歳華　猶是の風光〔景色〕は早歳〔一年の初め〕の華だ。
雁足黏将疑繋帛　〔雪が〕雁の足に黏将いているので帛を繋いでいるのかと疑い、
烏頭点著思帰家　〔雪が〕烏の頭に点著くので家に帰れるかと思うのだ。

大宰府の城郭に満ち溢れる梅の花、もちろん春の雪がそのように見えるのである。その春の雪の「風光」こそが、一年の最初の美しい華なのである。そしてその白雪を見て、道真は思う。雁の足に粘り着いている白いものは、都への帰還に繋がる手紙ではないか、烏の頭に着いて、黒い頭が白くなった、ならば、家に帰れるのではないか。

雁の足の帛は、匈奴に捕らえられた漢の蘇武が、白い絹に書いた手紙を雁の足に結んで救出された故事であり、烏の頭は、秦の人質となった燕の太子丹が、烏の頭が白くなり馬に角が生えたら帰そうと秦王に言われて祈ったところ、烏の頭が白くなり馬に角が生え、帰ることができた故事である。これらの故事を踏まえ、帰京を思うのである。

これが道真の最後の詩となった。

死に臨んだ道真は、大宰府で作った漢詩を一巻にまとめ、「西府新詩」と名づけ、紀長谷雄に送った。

長谷雄はこれを見て天を仰いで歎息し、「大臣の藻思〔文才〕は絶妙で、天下無双である。卿相〔大臣〕の位に居た雖も、風月の遊を抛てなかった。凡そ厥の文章は、多く人の口に在る。後代、文章を言う者がいれば、菅家を推さないものはない」といった。これが『菅家後集』のもととなった詩集である。道真の作品集、『菅家文草』『菅家後集』は道真自身が編纂したものが軸となっている。

道真は、延喜三年二月二五日に大宰府で没した。五九歳。

文道の神

道真没後二〇年が過ぎた延喜二三年（九二三）四月二〇日、故従二位大宰権帥菅原道真を本官の右大臣に復し、併せて位を一階上げ、正二位が贈られた。その詔には、道真が醍醐天皇の皇太子時代の侍読であり、即位した後も久しく近臣で、左遷された後、歳を重ねたとはいえ、忘れることはできない、そこで本職に復し、一階を増すと記す。

その一ヵ月前の三月二一日に皇太子保明親王（母藤原時平妹穏子）が二一歳で死んだことと関わろう。『日本紀略』によれば、菅帥（大宰権帥菅原道真）の霊魂の宿忿がなすところだという。これに先立つ延喜八年一〇月七日には、道真の弟子だった藤原菅根が死に、同九年四月四日に左大臣藤原時平が三九歳で没した。のちに道真の怨霊のためだとされる。
この詔によって、道真の罪は否定された。

延長八年（九三〇）六月二六日に宮中清涼殿に落雷があり、大納言藤原清貫は衣が焼け胸が裂けて死亡し、右中弁平希世は顔を焼かれて倒れ臥し、右兵衛佐美奴忠包は髪を焼かれて死に、紀蔭連は腹が炙られ悶え苦しみ、安曇宗仁は膝を焼かれて倒れた。醍醐天皇も病に落ち、九月二二日に譲位し、二九日に死去した。

道真の怨霊のためとされ、ついには天暦元年（九四七）六月九日、道真の祠が北野に建てられる。北野天満宮の創建である。神として祀られた道真だが、一条天皇の時代には、永延元年（九八七）八月五日に天皇によって初めて北野社で祭礼が行われ、正暦四年（九九三）六月二六日に、道真に左大臣正一位が贈られた。

さらに同年閏一〇月二〇日には太政大臣が贈られ、そして寛弘元年（一〇〇四）一〇月二一日、初めて北野社に行幸があった。一条朝は道真の神格化が一段と進んだ時代であった。その間、道真が祀られた北野天満宮では、漢詩会が開かれた（「北野作文考」）。道真は「文道の祖、詩境の主」と称され（慶滋保胤「菅丞相の廟に賽す願文」本朝文粋・巻一三）、文学・学問の神となる。北野社では、さらに和歌会、連歌会が開かれ、文学の場となるのである。

おわりに

道真の生涯を辿ってきた。学問の神様として尊崇(そんすう)され、学者から大臣になったとされる道真だが、当時の官僚社会では、大学寮紀伝道(きでんどう)で中国の文学・歴史を学んだ儒家であり、その知識を持った官僚として職務を果たしたのである。

「学者」としての側面は、公的には、文章博士(もんじょうはかせ)の地位にあったときにもっとも発揮されたが、主として私塾、菅家廊下(かんけろうか)での顔であった。公的には道真はあくまで官僚である。その官僚として、道真の基礎となったのが、紀伝道で学んだ学問であった。

紀伝道は、経書(けいしょ)の知識を踏まえつつ、中国の文学・歴史を学ぶ。経書を学び一字一句経書の解釈にこだわる明経道(みょうぎょうどう)とは異なり、「断章取義(だんしょうしゅぎ)」という言葉に示されるような柔軟な姿勢を持っていた。

それが鮮明に表れたのが、阿衡(あこう)事件であり、検税使(けんぜいし)派遣問題であったろう。また、国司として在地の問題に柔軟に対応するのも紀伝道出身者には望まれた能力で、道真自身は本心では嫌がっていても、讃岐守(さぬきのかみ)として精励した。

道真は、漢詩人としてもすぐれていたが、若い頃に起こった「詩人無用」論に対峙し、政治の役に立つ漢詩の存在を意識して、「詩臣」を標榜した。さらには、讃岐守として赴任した際、在地の問題や守としての職務を作品に表し、役に立つ漢詩の存在を示した。新たな紀伝道出身官僚の側面といえるが、この姿勢を継承した者は見当たらない。

讃岐から戻った道真は、宇多天皇に重用される。宇多天皇が阿衡事件によって牽制され、側近の橘広相が没したのが要因である。道真は橘広相の後釜として宇多天皇の側近となった。以後、異例の出世を重ねる。これは、天皇になるはずではなかった宇多天皇という存在が大きい。醍醐天皇の立太子、即位にも関わり、宇多天皇譲位後、藤原時平とともに政権を運営することになる。

藤原時平と道真は、お互いの父、菅原是善、藤原基経の時代から交流があり、二人は決して険悪ではなかった。醍醐朝初期に、二人に対して他の納言たちのサボタージュが行われ、宇多上皇による取りなしもあったが、その宇多上皇が道真をはじめ自身の近臣たちを側に置き、宴を開き御幸を重ねると、あたかも醍醐天皇と対立的な集団ができあがってしまう。

さらに、醍醐天皇弟の斉世親王と道真娘の婚姻、醍醐天皇と時平娘の強引な婚姻によって徐々に宇多・道真ラインと醍醐・時平ラインの対立が醸成され、ついには道真の左遷となる。

道真の右大臣任官は、儒家出身としては異例であるが、深い学識という理由があるにしても、宇多上皇・醍醐天皇の引き立てが大きい。道真自身、分不相応と考え、しきりに辞職しようと思うが、許されず、左遷を迎える。

道真の立場をどのように考えるべきか。私は、特に讃岐守時代に現れたように、与えられた職務に精励する、有能な儒家官僚だと思う。

祖父、父と形成されてきた学問を受け継ぎ、しかも、父が参議まで昇ったことにより、他の紀伝道出身者よりも格段に恵まれていた。そのような立場から出発し、努力の甲斐もあり、若くして対策に及第し、早くに文章博士となった。また学識は摂関家の藤原基経にも信頼された。そこが橘広相を失った宇多天皇にとっては重要でもあった。しかし、道真の、特に後半生は宇多天皇に振り回されたあげく、左遷されてしまったという印象が強い。与えられた職務に精励するあまり、宇多天皇の登用によって異例の出世を遂げてしまったこと自体に悲劇の種があった。

道真は、一般的には学問の神様、また、私たち文学研究者には、漢詩人としてとらえられる。しかし、学問、学者といっても現在と当時では異なるし、漢詩人、文学創作者の立場とて、現在と当時では異なる。その点を意識し、本書では、できる限り、当時の社会のなかに道真を位置づけて、生涯のアウトラインを示してきた。

これまでの道真伝と違いがあるとすれば、道真が学んだ大学寮紀伝道という存在を強く打ち出した点にある。当時の学問がいかに政治と切り結ぶのか。紀伝道で学んだ者たちは、当時の漢文学の主要な担い手でもあるが、道真の文学が、学問、政治とどう関わるのか。その点を述べてきたつもりである。

しかし、本書で述べられなかったことも多い。例えば、道真の怨霊（おんりょう）や天神（てんじん）信仰にはほとんど触れていない。これについては多くの研究書、概説書があるが、私自身、怨霊や天神信仰は、道真像の変遷・受容を辿るには恰好（かっこう）の材料だが、道真本人とは切り離しておきたいと考えている。こうした考え方には異論もあろうが、人物、作品そのものと、それらの後代への影響、変容は、ひとまずは切り分けておきたいのである。後代の影響から遡（さかのぼ）って考えることには有効性もあろうが、危険性もあるからだ。

触れられなかったことで何よりも大きなことは、私自身が文学研究者でありながら、道真の作品を分析していない点である。道真の生涯に関わるので、作品の内容についてはいくつか紹介したが、特に漢詩文は、内容だけ知ればいいというものではない。作者が、どのような漢籍からどのような言葉を選択し、それをどのように組み立てたか、どのように表現に腐心したか、その点を説明しない限り、漢詩文作者としての道真を描いたことにはならない。

この点は文学研究者としては外せないのだが、本書では、道真という人物のアウトラインを示すことを重視した。道真が白居易をはじめとした中国の文学、歴史、哲学、また日本人の漢詩文をどのように継承し、作品に消化・昇華したかは別途、作品解説、注釈の形で問いたいと思う。

あとがき

こんなにも一般書を書くのはしんどいのか、というのが書き終えた率直な感想である。私たちが書く研究論文は、基本的に研究雑誌などの媒体に、研究者を対象に書いている。研究上の問題点が周知されている前提で、できる限り史料を提示し、検討・論証の過程を詳しく書く。私自身、そういう過程を書くのを好むのだが、一般書であれば、それは必ずしも必要ない。そんな煩雑な過程まで楽しんで読ませるだけの筆力がないということもある。「大学一年生が辞書なしで読める」ようにと編集側から要望されたことが、予想以上に困難であった。

担当の白戸直人氏には、ずいぶんと面倒を掛けた。結果的に初稿から一〇〇頁ほど削ることになったが、その分、道真の生涯の経過を簡潔にわかりやすく書けたのではないかと思う。ひとえに白戸氏の助言のおかげである。

道真の生涯の、いわば骨格を記したのが本書である。今後、血肉を加える作業を続けたい。道真研究はさらに進めなければならない。そのためには文学、歴史など分野を超えた交流が必要となろう。道真という存在は、恰好の共同研究ネタではないかと思う（他に思想史、仏教史、教育史なども含まれようか）。そのためにはそれぞれがそれぞれの研究方法・姿勢を学ぶ必要があろう。つまみ食い的に成果のみを取り込むことがもっとも危険だと考える。もちろん自戒である。

本書では大学寮紀伝道出身者としての道真を強調したが、紀伝道の学問と道真を積極的に結びつけようと考え始めたのは、二〇一四年の和漢比較文学会特別例会「シンポジウム〈嵯峨朝の文学を考える〉」で、嵯峨朝の「文章経国」受容を再検討したことに遡る（この成果は『日本古代の「漢」と「和」　嵯峨朝の文学から考える』〈勉誠出版、二〇一五年〉として刊行）。これを踏まえて、道真に至る漢文学史を、勤務先の京都女子大学で講義し、東北大学で集中講義を行った。そうして紀伝道儒家として、道真をとらえ直した。

なお、本書で述べた私見は、論文として問わず、結論部分のみを記したところも多い。ことに道真の後半生の部分はそうである。今後その過程を論文化することになろう。

白戸直人氏から執筆を依頼されたのは、二〇一六年夏である。中公新書に執筆できるなど考えてもいなかったので、最初にメールをいただいたときは、いたずらかと思った。自分の研究自体が一般受けするとは考えていなかったし、一般書を書く能力などないと思っていた。それはいまでも変わらない。白戸氏の「おだて」に乗って引き受けてしまった。しかし、愛読している中公新書の一冊を書けたのは、率直に嬉しい。ただ、私事のため本格的な執筆が二〇一八年にずれ込み、その分完成が遅れてしまった。

私が道真を研究対象に選んだのは、大学院博士後期課程進学後である。修士論文で、平安時代の和歌が公的な世界に出て行く過程（『古今和歌集』勅撰の過程）を取り上げた私は、当時の公的な文学とは何なのかと考え、漢文学、なかでも史料的にまとまっている道真の作品を読み始めた。特に道真に関心があったわけではない。必要に迫られたのである。

しかし、道真の作品を読み、先行研究を辿っていくと、多くの疑問が湧いてきた。ともかくも道真が主張していることを、道真に即して考え、そのうえで、道真周辺の、史料が残らないために研究の対象にされず、かつ道真が批判していたために悪者扱いされがちな儒家たちを検討した。悲劇の主人公道真には、自然と同情してしまう傾向が研究者にもあるように思えた。道真をあまりに特別視する姿勢にも違和感があった。

最初の勤務先の関係で、二〇一〇年来奈良市に住んでいる。菅原氏の氏名（うじな）のもととなった大和（やまと）国添下（そふのしも）郡菅原郷近くに住んだのはただの偶然だが、そんなことすら当初は気づかなかった。

母校の大阪大学には、道真研究の第一人者、後藤昭雄先生がいらっしゃった。先生は当初、教養部所属だったので、指導教官ではなかったけれども、先生の前で研究発表をし、好意的に評価していただいたことが自信になった。先生の阪大定年後、文草の会を立ち上げ、『菅家文草』の散文部を読んでいる。今年、注釈の第二冊目が刊行された。本書はこの会での成果・議論を活かした部分も多い。

また、佐藤全敏氏（日本古代史）をはじめとする、古代中世史、対外関係史、美術史の方々との共同研究で示唆されたところも多い。特に佐藤氏にはお忙しいなか原稿を読んでいただき、歴史学の立場から意見を頂戴した。深く感謝したい。その方面での誤りがあれば、ご意見を活かしきれなかった、私の責任である。

今年九月末で現勤務先を退職する予定である。四年半という短い期間だったが、漢文分野担当の教員として、基礎から漢文を指導する立場となり、自分自身の読解方法を見つめ直すことができた。この時期がなければ本書はできなかった。京女（きょうじょ）の同僚、学生・院生の皆さんに厚くお礼申し上げる。

また、平日は、職場から帰宅後、ほとんどの時間を書斎で過ごし、休日でも隙あらば書斎に籠もろうとする私に愛想を尽かすことなく激励を続けてくれる、妻、圭美にも感謝したい。

二〇一九年　七夕後朝

滝川幸司

参考文献

†全体に関わる文献
【道真伝】
坂本太郎『人物叢書　菅原道真』吉川弘文館、一九六二年
阿部猛　『菅原道真　九世紀の政治と社会』教育社歴史新書、一九七九年
平田耿二『消された政治家　菅原道真』文春新書、二〇〇〇年
藤原克己『菅原道真　詩人の運命』ウェッジ、二〇〇二年
今正秀　『敗者の日本史　摂関政治と菅原道真』吉川弘文館、二〇一三年
【道真研究】
藤原克己『菅原道真と平安朝漢文学』東京大学出版会、二〇〇一年
波戸岡旭『宮廷詩人菅原道真―『菅家文草』『菅家後集』の世界』笠間書院、二〇〇五年
谷口孝介『菅原道真の詩と学問』塙書房、二〇〇六年
滝川幸司『菅原道真論』塙書房、二〇一四年
【大学寮】
桃裕行　『桃裕行著作集1　上代学制の研究〔修訂版〕』思文閣出版、一九九四年
久木幸男『日本古代学校の研究』玉川大学出版部、一九九〇年
古藤真平『古代学協会研究報告12　紀伝道研究史料集―文武朝～光孝朝―』古代学協会、二〇一六年
【史料・注釈】
〔菅家文草・菅家後集〕
川口久雄『日本古典文学大系72　菅家文草・菅家後集』岩波書店、一九六六年
小島憲之・山本登朗『日本漢詩人選集1　菅原道真』研文出版、一九九八年

文草の会『菅家文草注釈　文章編　第一冊・第二冊　巻七上・下』勉誠出版、二〇一四年、二〇一九年
今浜通隆『菅家後集叙意一百韻注釈』新典社、二〇一八年
なお、本書で使用した『菅家文草』は元禄十三年版本である。
〔漢詩文集〕
・田氏家集
小島憲之監修『田氏家集注釈　巻之上、中、下』和泉書院、一九九一〜九四年
・本朝文粋
柿村重松『本朝文粋註釈（新修版）上下』冨山房、一九六八年
大曽根章介・金原理・後藤昭雄『新日本古典文学大系27　本朝文粋』岩波書店、一九九二年
その他は、『群書類従』『続群書類従』を用いた。
なお、歴史史料・記録については、以下の叢書・史料集に収載された本文を用いた。
『新訂増補国史大系』吉川弘文館
『大日本史料』東京大学出版会
『大日本古記録』岩波書店
『尊経閣善本影印集成』八木書店
『日本思想大系』岩波書店

†序章
北村優季「平安京の都市政策」『平安京―その歴史と構造―』吉川弘文館、一九九五年
「平安京都城論」　同右
後藤昭雄「大江音人―「在朝の通儒」―」『平安朝漢文学論考　補訂版』勉誠出版、二〇〇五年
『菅家文草』の成立」『平安朝漢文学史論考』勉誠出版、二〇一二年
滝川幸司「菅原清公伝考」『菅原道真論』塙書房、二〇一四年
「菅原是善伝考」　同右
直木孝次郎「土師氏の研究―古代的氏族と律令制の関連をめぐって―」『日本古代の氏族と天皇』塙書房、一九六四年
林陸朗「大江音人と菅原是善―貞観期の政界と学界―」『上代政治社会の研究』吉川弘文館、一九六九年
福井俊彦「淳和朝の嵯峨派官人」史観126、一九九二年
三木雅博「『菅家文草』―その成立・伝来など―」『平安朝漢文学鉤沈』和泉書院、二〇一七年

桃裕行　「「菅家廊下」と「紅梅殿」」『桃裕行著作集2　上代学制論攷』思文閣出版、一九九二年
渡辺信一郎『天空の玉座―中国古代帝国の朝政と儀礼―』柏書房、一九九六年

†第1章
金原理　「嶋田氏の系譜」『平安朝漢詩文の研究』九州大学出版会、一九八一年
小島憲之「対策文の成立」『国風暗黒時代の文学　上―序論としての上代文学―』塙書房、一九六八年
後藤昭雄「学生の字について」『平安朝漢文学論考　補訂版』勉誠出版、二〇〇五年
「菅原道真の家系をめぐっての断章（一）」『平安朝文人志』吉川弘文館、一九九三年
滝川幸司「詩臣としての菅原道真」『菅原道真論』塙書房、二〇一四年
「菅原道真における〈祖業〉」同右
「菅原道真の「言志」」同右
「藤原基経と詩人たち」同右
「安倍興行考」同右
「島田忠臣の位置」同右
「道真の同僚」同右
竹居明男「平安朝漢文学の基層―大学寮紀伝道と漢詩人たち―」アジア遊学229、二〇一九年
「菅原道真誕生日管見―「六月二十五日」説の由来―」文化史学61、二〇〇五年
東野治之「平城宮出土木簡所見の『文選』李善注」『正倉院文書と木簡の研究』塙書房、一九七七年
「奈良時代における『文選』の普及」同右
中條順子「都良香伝考」『今井源衛教授退官記念　文学論叢』九州大学文学部国語学国文学研究室、一九八二年
野村忠夫「官人出身法の構造―慶雲三年二月十六日格をめぐって―」『律令官人制の研究　増訂版』吉川弘文館、一九七〇年
三木雅博「〈香〉と視角―『古今集』前夜における詩と歌の交感―」『平安朝漢文学鉤沈』和泉書院、二〇一七年
桃裕行　「上代に於ける教科書の変遷」『桃裕行著作集1　上代学制の研究〔修訂版〕』思文閣出版、一九九四年
「「菅家廊下」と「紅梅殿」」『桃裕行著作集2　上代学制論攷』思文閣出版、一九九二年

†第2章
加藤順一「菅原道真と「江郎中」―九世紀末官人社会の一齣―」藝林49―1、二〇〇〇年
「文士と外交」三田古代史研究会編『政治と宗教の古代史』慶應義塾大学出版会、二〇〇四年

木村茂光「光孝朝の成立と承和の変」十世紀研究会編『中世成立期の政治文化』東京堂出版、一九九九年
後藤昭雄「文人相軽」『平安朝漢文学論考　補訂版』勉誠出版、二〇〇五年
「大蔵善行七十賀詩宴について」　同右
「菅原道真の「絶句十首、諸進士の及第を賀す」」むらさき41、二〇〇四年
「南亜相尚歯会詩の序（菅原是善）―詩文の作られる場（二）尚歯会」『本朝文粋抄　二』勉誠出版、二〇〇九年
「平安朝の楽府と菅原道真の〈新楽府〉」『平安朝漢文学史論考』勉誠出版、二〇一二年
坂上康俊「関白の成立過程」笹山晴生先生還暦記念会編『日本律令制論集下』吉川弘文館、一九九三年
柴田清継「鴻臚贈答詩読解についての私見」武庫川女子大学紀要・人文・社会科学編50、二〇〇三年
「菅原道真寛平七年対渤海使唱和詩読解についての私見」鳴尾説林10、二〇〇三年
滝川幸司「菅野惟肖考」『菅原道真論』塙書房、二〇一四年
「菅原道真の子息をめぐる二、三の問題―阿視と高視・淳茂の左遷その他」女子大国文161、二〇一七年
谷口孝介「外交としての贈答詩」『菅原道真の詩と学問』塙書房、二〇〇六年
二星潤「九世紀における文人の国司任官―菅原道真の讃岐守任官を手がかりに―」ヒストリア267、二〇一八年
古畑徹『渤海国とは何か』吉川弘文館、二〇一八年

†第3章

彌永貞三「仁和二年の内宴」『日本古代の政治と史料』髙科書店、一九八八年
鴨野有佳梨「阿衡の紛議の経過についての再検討―改正詔書宣布日に関する憶説―」史泉119、二〇一四年
古藤真平『日記で読む日本史3　宇多天皇の日記を読む　天皇自身が記した皇位継承と政争』臨川書店、二〇一八年
後藤昭雄「菅原道真の「近院山水障子詩」をめぐって」『平安朝漢文学論考　補訂版』勉誠出版、二〇〇五年
「大蔵善行七十賀詩宴について」　同右
「藤原佐世」　同右
「菅原道真の詩と律令語」『平安朝漢詩文の文体と語彙』勉誠出版、二〇一七年
今正秀「阿衡問題考」日本史研究621、二〇一四年
坂上康俊「関白の成立過程」笹山晴生先生還暦記念会編『日本律令制論集下』吉川弘文館、一九九三年
佐藤恒雄「菅原道真「松山館」とその周辺」和漢比較文学会編『菅原道真論集』勉誠出版、二〇〇三年
関口明・追塩千尋「九世紀における国司の特質―所謂「良吏論」に関連して―」史流15、一九七四年
滝川幸司「橘広相考　三」奈良大学大学院研究年報14、二〇一四年

「橘広相考 四」奈良大学紀要42、二〇一四年
「菅原道真における〈祖業〉」『菅原道真論』塙書房、二〇一四年
「応制詩の述懐―勅撰三集から菅原道真へ―」　同右
瀧川政次郎「憶良の貧窮問答歌と菅公の寒早十首」日本歴史404、一九八二年
瀧浪貞子「阿衡の紛議―上皇と摂政・関白―」史窓58、二〇〇一年
『ミネルヴァ日本評伝選　藤原良房・基経　藤氏のはじめて摂政・関白したまう』ミネルヴァ書房、二〇一七年
所功「阿衡紛議と菅原道真」和漢比較文学会編『菅原道真論集』勉誠出版、二〇〇三年
春名宏昭「菅原道真の任讃岐守」和漢比較文学会編『菅原道真論集』勉誠出版、二〇〇三年
三木雅博「平安朝文人と『白氏文集』―どう向きあい、どう用いたか―」『平安朝漢文学鉤沈』和泉書院、二〇一七年
「「行春詞」札記―讃岐守菅原道真の国内巡視―」　同右
「菅原道真「讃州客中詩」の形成と「詩人無用」論」　同右
「「舟行五事」札記」　同右
村田正博「道真詩抄―早春内宴にして柳花怨の曲を聴く（菅家文草巻三‐一八三）―」人文研究44―13、一九九二年
和田英松「藤原基経阿衡に就て」中央史壇12―4、一九二六年

†第4章
石井正敏「いわゆる遣唐使の停止について」『石井正敏著作集2　遣唐使から巡礼僧へ』勉誠出版、二〇一八年
「寛平六年の遣唐使計画について」　同右
井上薫「日本三代実録」坂本太郎・黒板昌夫編『国史大系書目解題上巻』吉川弘文館、一九七一年
榎本渉『シリーズ選書日本中世史4　僧侶と海商たちの東シナ海』講談社選書メチエ、二〇一〇年
大曽根章介「「風月」攷―菅原道真を中心として―」『日本漢文学論集　第一巻』汲古書院、一九九八年
太田郁子「『和漢朗詠集』の「三月尽」・「九月尽」」言語と文芸91、一九八一年
河上麻由子『古代日中関係史　倭の五王から遣唐使以降まで』中公新書、二〇一九年
川尻秋生『シリーズ日本古代史5　平安京遷都』岩波新書、二〇一一年
北山円正「菅原氏と年中行事―寒食・八月十五夜・九月尽―」『平安朝の歳時と文学』和泉書院、二〇一八年
「子の日の行事の変遷」　同右
「寛平期の三月三日の宴」　同右
「菅原道真と九月尽日の宴」　同右

工藤重矩「貴族文壇の構造—宇多法皇を例として—」『平安朝律令社会の文学』ぺりかん社、一九九三年
「藤原忠房—歌合判者の資格—」　同右
甲田利雄「『菅家文草』巻五の含む問題について—『日本紀畧』の誤謬及び島田忠臣の没年に及ぶ—」高橋隆三先生喜寿記念論集刊行会編『高橋隆三先生喜寿記念論集 古記録の研究』続群書類従完成会、一九七〇年
河内祥輔『古代政治史における天皇制の論理【増訂版】』吉川弘文館、二〇一四年
後藤昭雄「呪願文考序説」『平安朝漢詩文の文体と語彙』勉誠出版、二〇一七年
佐伯有清『最後の遣唐使』講談社学術文庫、二〇〇七年
坂上康俊『日本の歴史05　律令国家の転換と「日本」』講談社学術文庫、二〇〇五年
鈴木靖民「遣唐使の停止に関する基礎的研究」『古代対外関係史の研究』吉川弘文館、一九八五年
滝川幸司「天皇と文壇—平安前期の公的文学に関する諸問題—」『天皇と文壇　平安前期の公的文学』和泉書院、二〇〇七年
「宇多・醍醐朝の文壇」　同右
「曲水宴」　同右
「宇多・醍醐朝の歌壇」　同右
「応制詩の述懐—勅撰三集から菅原道真へ—」『菅原道真論』塙書房、二〇一四年
「時平と道真—『菅家文草』所収贈答詩をめぐって—」同右
「島田忠臣の位置」　同右
「菅原道真と遣唐使（一）—「請令諸公卿議定遣唐使進止状」「奉勅為太政官報在唐僧中瓘牒」の再検討—」詞林65、二〇一九年
谷口孝介「詩人の感興—菅原道真「讃州客中之詩」啓進の意図—」『菅原道真の詩と学問』塙書房、二〇〇六年
「宇多天皇の風雅—雲林院子日行幸をめぐって—」　同右
土田直鎮「類聚三代格所収官符の上卿」『奈良平安時代史研究』吉川弘文館、一九九二年
所功「〝寛平の治〟の再検討」『菅原道真の実像』臨川書店、二〇〇二年
「菅原道真、配流の真相」　同右
丹羽博之「『菅家文草』（巻五・三九一）の漢詩一日百首の逸話を巡って」和漢比較文学会編『菅原道真論集』勉誠出版、二〇〇三年
「『菅家文草』の速詠」大手前大学人文科学部論集4、二〇〇四年
平岡武夫「三月尽—白氏歳時記」『白居易—生涯と歳時記』朋友書店、一九九八年
古瀬奈津子「平安時代の「儀式」と天皇」『日本古代王権と儀式』吉川弘文館、一九九八年
増村宏「遣唐使の停廃について」『遣唐使の研究』同朋舎出版、一九八八年

山中裕　『平安朝の年中行事』塙選書、一九七二年
吉岡眞之　「類聚国史」皆川完一・山本信吉編『国史大系書目解題下巻』吉川弘文館、二〇〇一年
吉川栄治　「古歌と『万葉』―『新撰万葉集』序文の検討―」和歌文学研究46、一九八三年
米田雄介　「太政大臣の系譜」『摂関制の成立と展開』吉川弘文館、二〇〇六年
渡邊誠　「寛平の遣唐使派遣計画の実像」史人5、二〇一三年

†第5章

工藤重矩　「藤原菅根（上）―寛平・延喜期の文人の周辺―」福岡教育大学紀要27―1、一九七七年
「大蔵善行七十賀宴と時平―寛平延喜期の文人の周辺―」福岡教育大学紀要28―1、一九七八年
「妄誕の責めを甘受す―三善清行―」解釈と鑑賞55―10、一九九〇年
後藤昭雄　「大蔵善行七十賀詩宴について」『平安朝漢文学論考　補訂版』勉誠出版、二〇〇五年
「北野作文考」『平安朝漢文文献の研究』吉川弘文館、一九九三年
坂本太郎　『六国史』吉川弘文館、一九七〇年
滝川幸司　「『菅家後集』―大宰府の道真―」『菅原道真論』塙書房、二〇一四年
竹居明男　「菅原道真の子息をめぐる二、三の問題―阿視と高視・淳茂の左遷その他」女子大国文161、二〇一七年
『天神信仰編年史料集成―平安時代・鎌倉時代前期篇―』国書刊行会、二〇〇三年
所功　『人物叢書　三善清行』吉川弘文館、一九八九年
堀誠　「道真断腸詩篇考」『日中比較文学叢考』研文出版、二〇一五年
焼山廣志　「菅原道真研究―『菅家後集』全注釈（一）〜―」国語国文学研究36、二〇〇一年〜、有明工業高等専門学校紀要37、二〇〇一年〜、九州大谷情報文化29、二〇〇一年
柳澤良一　「『菅家後集』注解稿（一）〜」北陸古典研究15〜、二〇〇〇年〜、金沢学院大学紀要・文学・美術編2〜、二〇〇四年〜、金沢大学国語国文29〜、二〇〇四年〜
渡辺直彦　「蔵人所別当について」『日本古代官位制度の基礎的研究　増訂版』吉川弘文館、一九七八年

菅原道真　略年譜

*官歴を一覧した

西暦	和暦	年齢	月日	事項
845	承和一二年	1		誕生
859	貞観元年	15		元服
862	貞観四年	18	四月一四日	文章生試受験
			五月一七日	文章生試及第
867	貞観九年	23	春	文章得業生に転ず
			二月二九日	下野権少掾
870	貞観一二年	26	三月二三日	対策受験
			五月一七日	対策及第
			九月一一日	対策中上第により、一階を加える。正六位上
871	貞観一三年	27	二月二九日	玄蕃助に任ず
			三月二日	少内記に任ず
872	貞観一四年	28	正月六日	存問渤海客使を兼ねる
			正月二六日	母の死によって存問渤海客使を離れる
874	貞観一六年	30	正月七日	従五位下

			正月一五日	兵部少輔に任ず
			二月二九日	民部少輔に任ず
877	元慶元年	33	正月一五日	式部少輔に任ず
			九月二六日	大嘗会の御前次第司次官となる
			一〇月一八日	文章博士を兼ねる
878	元慶二年	34	八月二〇日	斎宮行禊の前次第司長官となる
879	元慶三年	35	正月七日	従五位上
			八月一九日	斎宮行禊の前次第司長官となる
883	元慶七年	39	正月一一日	加賀権守を兼ねる
			四月二一日	渤海客を饗するために、仮に治部大輔となる
886	仁和二年	42	正月一六日	讃岐守に任ず。式部少輔、文章博士、加賀権守を止めらる
887	仁和三年	43	一一月一七日	正五位下
890	寛平二年	46	春	讃岐守の任期を終えて帰洛
891	寛平三年	47	二月二九日	蔵人頭に補す
			三月九日	式部少輔に任ず
			四月一一日	左中弁を兼ねる
892	寛平四年	48	正月七日	従四位下
			一二月五日	左京大夫を兼ねる
893	寛平五年	49	二月一六日	参議に任ず。左中弁元の如し。同日式部大輔を兼ねる
			二月二二日	左大弁に転ず。式部大輔元の如し
			三月一五日	勘解由長官を兼ねる

西暦	年号	年齢	月日	事項
			四月二日	春宮亮を兼ねる
894	寛平六年	50	八月二一日	遣唐大使を兼ねる
			一二月一五日	侍従を兼ねる
895	寛平七年	51	正月一一日	近江守を兼ねる。勘解由長官を止める
			一〇月二六日	中納言に任ず。同日従三位。左大弁式部大輔侍従遣唐大使等元の如し
			一一月一三日	春宮権大夫を兼ねる
896	寛平八年	52	八月二八日	民部卿を兼ねる。式部大輔を止める
897	寛平九年	53	六月一九日	権大納言に任ず。同日右大将を兼ねる。民部卿元の如し
			七月三日	春宮権大夫を止める
			七月一三日	即位の日、正三位
			七月二六日	中宮大夫を兼ねる
899	昌泰二年	55	二月一四日	右大臣となる。右大将元の如し
901	延喜元年	57	正月七日	従二位
			正月二五日	大宰権帥に任ず
			二月一日	大宰府に向かう
903	延喜三年	59	二月二五日	大宰府にて死去
923	延長元年		四月二〇日	右大臣従二位に復し、昌泰四年正月二五日の宣命を焼却し、併せて一階を加える
993	正暦四年		六月二六日	左大臣正一位を贈る
			閏一〇月二〇日	太政大臣を贈る

滝川幸司（たきがわ・こうじ）

1969年（昭和44）長崎県生まれ．92年大阪大学文学部卒業．98年大阪大学大学院文学研究科博士後期課程修了．博士（文学・大阪大学）．奈良大学文学部専任講師，助教授を経て，2013年奈良大学文学部教授．15年より京都女子大学文学部教授．専攻・平安文学．

著書『天皇と文壇——平安前期の公的文学』（和泉書院，2007年）
『菅原道真論』（塙書房，2014年）

共著『新撰万葉集注釈　巻上（一）（二）』（新撰万葉集研究会編，和泉書院，2005年，2006年）
『菅家文草注釈，文章編　第一冊・第二冊　巻七上・下』（文草の会著，勉誠出版，2014年，2019年）
『日本古代の「漢」と「和」——嵯峨朝の文学から考える』（アジア遊学，勉誠出版，2015年）
『文化装置としての日本漢文学』（アジア遊学，勉誠出版，2019年）など

菅原道真（すがわらのみちざね）
中公新書 2559

2019年9月25日発行

著者　滝川幸司
発行者　松田陽三

本文印刷　三晃印刷
カバー印刷　大熊整美堂
製本　小泉製本

発行所　中央公論新社
〒100-8152
東京都千代田区大手町 1-7-1
電話　販売 03-5299-1730
　　　編集 03-5299-1830
URL http://www.chuko.co.jp/

Published by CHUOKORON-SHINSHA, INC.
Printed in Japan　ISBN978-4-12-102559-3 C1221

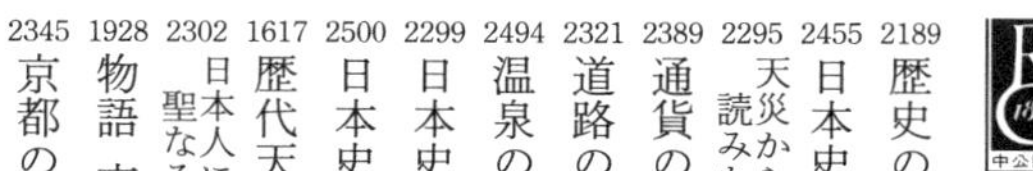

日本史